入門中国語

西遊記へのオマージュ

【三訂版】

童鍾文 編著

朝日出版社

音声ダウンロード

 音声再生アプリ「リスニング・トレーナー」新登場（無料）

朝日出版社開発のアプリ、「リスニング・トレーナー（リストレ）」を使えば、教科書の
音声をスマホ、タブレットに簡単にダウンロードできます。どうぞご活用ください。

まずは「リストレ」アプリをダウンロード

▶ App Store はこちら   ▶ Google Play はこちら

アプリ［リスニング・トレーナー］の使い方

❶ アプリを開き、「コンテンツを追加」をタップ

❷ QR コードをカメラで読み込む

❸ QR コードが読み取れない場合は、画面上部に 45351 を入力し「Done」をタップします

QR コードは㈱デンソーウェーブの登録商標です

Web ストリーミング音声

http://text.asahipress.com/free/ch/saiyuki03/

まえがき

　旅は現在ではレジャーとなってしまい、「可愛い子には旅をさせよ」の諺も今や「子ども
が可愛ければ旅行でもさせて楽しい思いをさせてやれ」の意味だと理解されるそうです。
近代以前はもちろん「旅は憂いもの辛いもの」で、だからこそ、親は可愛い子をそばにお
いて甘やかさず、旅に出して辛酸をなめさせ、世には表と裏のあること、他人の人情のあ
りがたさを学ばせるものだったのです。

　外国語を学ぶのも果てしのない旅をするようなものです。こちらの方は現代になっても
完全レジャー化とはいかず、「憂いもの辛いもの」の側面が残っています。そのぶん昔なが
らに得られるものも多いことは保証しますが、人は弱いもので、しんどいことからはすぐ
に逃げ出したくなってしまいます。外国語学習の道程はなかなかに険しくて、すぐにはこ
えられない山あり、なかなか渡れない河ありで、失敗と挫折の連続だと言えましょう。挫
けそうになったときは、昔の偉人を思い出すのがよろしい。鑑真の旅（井上靖『天平の甍』
を読んでください）、マゼランの旅（ツヴァイク『マゼラン』を読んでください）等々を知っ
たなら、どんな辛いことがあっても泣き言は言えないはずです。

　そしてもう一人、偉大なる旅を成し遂げた玄奘三蔵法師の存在を心に留めておいてくだ
さい。法師は往復十六年を要した大旅行を成し遂げたばかりでなく、インドから持ち帰っ
たサンスクリット原典から、実に 76 部 1347 巻ものお経を中国語に翻訳したのです。それ
は訳経史上の画期をなすほど質の高いもので、日本で宗派を越えて親しまれている『般若
心経』も玄奘三蔵訳です。本書は旅と外国語習得の大先輩たる法師に捧げるオマージュです。
中国語への旅にでかけるあなたにとってよき道案内となれることを願っています。

　旅に出る前に
――人生は困難を克服することに勝る喜びを提供することはできない。　（S. ジョンソン）
――成功とは、意欲を失わずに失敗に次ぐ失敗を繰り返すことである。　（W. チャーチル）

時あたかも平成 28 年の申年

編者　童鍾文

目次

入門中国語
西遊記へのオマージュ
三訂版

入門中国語
西遊記へのオマージュ

【三訂版】

1 第一课 Dì yī kè　　発音 1

01 中国語＝漢語

　私たちがこれから学ぶ中国語は、中国では"汉语（漢語 Hànyǔ）"と呼ばれています。"汉语"とは、「漢民族の言語」という意味です。中国は 56 の民族からなる多民族国家で、少なからぬ民族が独自の言語を持っていますが、人口の 9 割以上を占める漢民族の言語が公用語として用いられています。しかし、"汉语"には多くの方言があり、国内でもお互いに言葉の通じないことがあります。そのため、首都北京の発音を標準にし、北方方言に基づいて、全国に普^{あまね}く通じる共通語として定められたのが"普通话（普通話 Pǔtōnghuà）"です。また、中国語発音のローマ字表記法を"拼音（pīnyīn）"と言います。

　中国語の文字表記は漢字ですが、大陸では中華人民共和国（1949 ～）が成立してから、伝統的な字体を簡略化した「簡体字」が制定され、公的には簡体字を用いることになっています。ちなみに"汉语"が"漢語"の簡体字表記です。伝統的字体（繁体字）は台湾や華僑世界で用いられ、場合によっては大陸でも用いられています。

02 中国語の発音と拼音（pīnyīn）

　中国語の発音はローマ字を借りて表記します。その方法を拼音と言います。

拼音 {
声母＝語頭子音（合計 21）
韻母＝語頭子音に後続する母音部分（合計 36）
声調＝発音の上げ下げの調子（4 声調＋軽声）

例：

漢字	拼音	（内部構造）	
中	Zhōng	Zh（声母）	（第一声）ōng（韻母）
国	guó	g（声母）	（第二声）uó（韻母）

> 声母・韻母・声調は三位一体。これで一つの音節なのです。
> ※声母がなく（ゼロ声母）、韻母＋声調だけのものもあります。

音節を発音する際の音の高低の調子を声調と言います。中国語では同じローマ字つづりの発音でも**声調によって意味が区別される**のです。普通話では4種類の声調があり、声調記号を韻母の主母音の上につけて表します。

CD2

声調	記号	要領	例	意味
第一声	ー	高く平らに伸ばす	mā	（妈・お母さん）
第二声	／	低→高と急上昇	má	（麻：アサ）
第三声	∨	低く抑える	mǎ	（马：馬）
第四声	＼	高→低と急下降	mà	（骂：ののしる）
軽声※		短く軽く発音	māma	（妈妈：母。二字めが軽声）

※声調をつけずに短く軽く添えて発音されるものを軽声と言います。軽声か否かで意味が違うこともあるので、軽く見てはいけません。

例：大意（dàyì）　大筋　←→　大意（dàyi）　うかつ、不注意である

　　男人（nánrén）男　←→　男人（nánren）　夫、亭主

　　东西（dōngxī）東と西　←→　东西（dōngxi）　物

❰ 小練習（1）❱　声調に注意して、次の拼音を音読しなさい。　　　CD3

① mā má　　② mǎ mà　　③ má mà　　④ mà má

⑤ mā mà　　⑥ mà mǎ　　⑦ mǎ má　　⑧ mà mā

拼音さんは
ありがたいねえ！

【拼音のない時代はどうやって漢字の音を表記した？】

　昔は「反切」と呼ばれる方法がよく使われました。これは漢字2文字で、1字の音を示します。例えば「中」の字は「陟弓切」（陟弓の切：「切」は反切法であることを示す）です。その意味は「中」の音は一字め「陟」字の声母（語頭子音）と二字め「弓」の韻母（母音部分）だよということです。でも、「中」なんて簡単な字の発音を知るためには難しい「陟」の発音を知っていなければならない……そんなのあり？ですね。反切以外にも同音の字をもってきて「読若〜（読んで〜のごとし）」とする方法などもありましたが、「中読若忠」なんてやられてもね。そんな不便な昔を思えば、拼音は実に便利至極、ありがたい方法なのです。

《 小練習 (2) 》

巻末の中国語基本音節表を参照して、次の拼音を声母と韻母に書き分けなさい。なお、声調記号を見て、第何声なのかをアラビア数字1〜4で示しなさい。

	漢字	拼音	声母	韻母	声調
①	中	zhōng	( )	( )	( )
②	国	guó	( )	( )	( )
③	普	pǔ	( )	( )	( )
④	通	tōng	( )	( )	( )
⑤	话	huà	( )	( )	( )

04 韻母 (1) ——単韻母 ....

中国語の韻母は単韻母と複韻母に分けられます。単韻母は以下の7種類あり、複韻母は単韻母が連続して一つになったものです（第二課参照）。

CD4

単韻母	発音要領（全体に日本語よりも口を大きく動かして）
a	日本語の「ア」より口を大きく開け、ハッキリと。
o	日本語の「オ」より口を丸く突き出すようにして。
e	口を半開きにして「エ」でも「ウ」でもない曖昧な音。
i (yi)	日本語の「イ」よりもやや口を横に引いて。
u (wu)	日本語の「ウ」よりも口を丸く突き出すようにして。
ü (yu)※	口をすぼめてストローをくわえた感じで「イ」。
er	やや曖昧な「ア」を発音しながら舌先をそり上げる。

（　　）内は声母を伴わないときのつづり方（第三課11頁参照）

※ ü の上の2点をウムラウト記号と言います。授業中には ü 自体をウムラウトと呼ぶことがあります。

4

┃ 小練習（3）┃ 声調に注意して、下の中国語を音読しなさい。　　　　CD5

ā yí　　yī wú
阿姨　　一 无（無）

訳：おばさんは
　　一つも（①／②／③）
　　が無い

① yī wù
　衣 物　（衣服・身の回りの品）

② yì wù
　义 务　（義務）

③ yí wù
　遗 物　（遺物・形見）

▰ **05　声調記号の位置** ▱ ‥‥‥‥‥‥‥‥‥‥‥‥‥‥‥‥‥‥‥‥‥‥‥‥‥‥‥‥

原則①：母音の上につける。
単韻母は当然その上につけます。

原則②：複韻母の場合は主母音につける。
　複韻母中の母音で最も口の開きが大きいのが主母音です。a があったら何はともあれその上につけ、a がなければ o か e をさがします。

原則③：i と u が並んだら後ろにあるほうにつける。
　声母のある音節の韻母部分で i と u が並んだときは、後ろにある方につけるという規則になっています。この iu とは実は iou、ui とは uei のことなのです。iou の主母音 o と uei の主母音 e は前に声母がくると弱化もしくは消失するので（この現象については第三課13頁拼音のつづり方（3）を参照）、後ろにある母音に声調記号をつけることにしています。

例字	音韻の理論構造		音韻の実際
九	声母 j＋複韻母 iǒu	→	jiǔ
岁（歳）	声母 s＋複韻母 uèi	→	suì

なお、i の上に声調記号をつける場合は、頭の点をとって声調記号をつけます。
【注意！ゼロ声母（声母がない）の場合】

例字	音韻の理論構造		声母がないときは主母音が聞こえるので 原則②を適用（表記の書き換えは第三課参照）
有	ゼロ声母＋複韻母 iǒu	→	yǒu
味	ゼロ声母＋複韻母 uèi	→	wèi

1 次の文の空欄を埋めなさい。

　中国の公用語は人口の大多数を占める漢民族の言語であることから（　　　　）と呼ばれる。中国には多くの方言があるが、北京音を基礎として全国的に通用する標準語が作られた。それが（　　　　　　）である。

　漢字は発音を表記できないので、ローマ字を使った中国語の発音表記方法が（　　　　　）である。中国語の音節のうち、語頭子音を（　　　　）、語頭子音に続く残りの部分を（　　　　）と呼ぶ。中国語では同音異義語の意味を区別するために4種類の（　　　　）がある。高く平らな調子を（　　　　）、低→高と急上昇する調子を（　　　　）、低く抑える調子を（　　　　）、高→低と急下降する調子を（　　　　）と言う。この他に、調子をつけずに軽く添えるように発音される場合を（　　　　）と言う。

2 発音された方に○をつけなさい。　　　　　　　　　　　　　　　　　　CD6

1) ā　　　ē　　　　　　2) ō　　　ē

3) ī(yī)　　ǖ(yū)　　　4) ū(wū)　　ē

5) ē　　　ēr　　　　　6) ǖ(yū)　　ū(wū)

3 発音を聞いて、次の拼音に声調記号をつけなさい。　　　　　　　　CD7

1) a　　　　　2) e　　　　　3) u(wu)　　　4) i(yi)

5) ma　　　6) ma　　　7) ma　　　8) ma

9) ma ma　　10) ma ma　　11) ma ma　　12) ma ma

2 第二课 Dì èr kè 発音 2

06 声母（1） ···

声母（語頭子音）は口のどの部分を使って発音するかによって分類されます（中国語基本音節表参照）。また声母には無気音と有気音の区別のあるものがあります。**無気音とは声だけで息を出さず、有気音とは声と同時に息を出して発音**するものです。

CD8

声母名称	無気音	有気音		
唇音	b（o）	p（o）	m（o）	f（o）
舌面前音	d（e）	t（e）	n（e）	l（e）
舌面後音	g（e）	k（e）	h（e）	

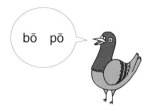

bō　pō

━━▶ **注意！**

日本語では清音と濁音で意味の区別をします。

（例）　かいかん（会館）←→　がいかん（外観）←→　かいがん（海岸）

中国語では無気音と有気音で意味を区別をします。

〖 **小練習(1)** 〗 無気音・有気音の違いに注意して、次の拼音を発音しなさい。

CD9

	重要！	①	②	③
無気音	無気音≠濁音	bà（爸）	dú（读）	gǔ（骨）
有気音	有気音≠清音	pà（怕）	tú（图）	kǔ（苦）

〖 **小練習(2)** 〗 声母 f と h の違いに注意して、次の拼音を発音しなさい。

CD10

	①	②
f	fā（发）	fǔ（府）
h	hā（哈）	hǔ（虎）

发（発 hatsu）にしても府（hu）にしても
日本語漢字音の子音は h になっているので要注意！

〖 **小練習(3)** 〗 次の単語を音読しなさい。

CD11

① 爸　妈　　② 父　母　　③ 夫　妇　　④ 和　乐
　bà　mā　　　　fù　mǔ　　　　fū　fù　　　　hé　lè

⑤ 伯　父　　⑥ 破　费　　⑦ 姑　妈　　⑧ 哭　骂
　bó　fù　　　　pò　fèi　　　　gū　mā　　　　kū　mà

単韻母が連続して切れめなく一つの音節として発音されるものを複韻母と呼びます。

ai	ei	ao	ou	
ia (ya)	ie (ye)	ua (wa)	uo (wo)	üe (yue)
iao (yao)	iou (you)	uai (wai)	uei (wei)	

表中の（　）内は、複韻母単独で漢字一字の発音になっているとき（一音節）の表記法です。（第三課拼音のつづり方参照）

声母名称	無気音	有気音		
舌面音	j (i)	q (i)	x (i)	
巻舌音	zh (i)	ch (i)	sh (i)	r (i)
舌歯音	z (i)	c (i)	s (i)	

小練習(4) 無気音・有気音の違いに注意して、次の拼音を発音しなさい。 CD14

	重要！	①	②	③
無気音	無気音 ≠ 濁音	jī（鸡）	zhí（直）	zì（自）
有気音	有気音 ≠ 清音	qī（七）	chí（池）	cì（次）

小練習(5) 巻舌音に注意して、次の単語を音読しなさい。 CD15

① 支 持　　② 迟 滞　　③ 知 识　　④ 日 食　　⑤ 值 日　　⑥ 日 历
zhī chí　　　chí zhì　　　zhī shi　　　rì shí　　　zhí rì　　　rì lì

小練習(6) iの発音の違いに注意して、次の単語を音読しなさい。 CD16

① 自 己　　② 瓷 器　　③ 四 季　　④ 自 治　　⑤ 次 日　　⑥ 四 时
zì jǐ　　　cí qì　　　sì jì　　　zì zhì　　　cì rì　　　sì shí

小練習(7) 次の単語を音読しなさい。 CD17

① 教 师　　② 巧 嘴　　③ 热 烈　　④ 教 书
jiào shī　　qiǎo zuǐ　　rè liè　　jiāo shū

⑤ 手 下　　⑥ 才 子　　⑦ 喜 悦　　⑧ 求 知
shǒu xià　　cái zǐ　　xǐ yuè　　qiú zhī

【中国語基本音節表の読み方】

　発音をマスターする一番の近道は、基本音節表を繰り返し音読することです。一見すると
たくさんあってタイヘンそうですが、実はコツがあります。

声母がないときの韻母
の書換えは声母０の行
を見ればよい

声母 ＼ 韻母		a	…	i	…	u	…
0		a	…	yi	…	wu	…
1	b	ba	…	bi	…	bu	…
2	p	pa	…	pi	…	pu	…
3	m	ma	…	mi	…	mu	…
4	f	fa	…		…	fu	…
5	d	da	…	di	…	du	…
6	t	ta	…	ti	…	tu	…
7	n	na	…	ni	…	nu	…
8	l	la	…	li	…	lu	…
⋮	⋮	⋮		⋮		⋮	

　同じ発音要領の声母は太線
で区切られている。

　同一グループの上二つが無
気音とそれに対応する有気音
という配列になっている。

　まず初めに有気音の声母 p・
t・k・q・ch・c の六つを覚え
てしまうとよい。

唇音 ｛ 無気音 / 有気音

舌尖音 ｛ 無気音 / 有気音

【効率のよい拼音の覚え方＝日本人の苦手な音を中心に】

徹底訓練	1)	韻母は e と ü の二つ
	2)	有気音 p・t・k・q・ch・c
	3)	巻舌音の zh・ch・sh・r
注意	4)	韻母 a・e は場合によって変化する
	5)	zi・ci・si の i は要注意

韻母 a・e
の変化はこ
の後で説明
します。

第二課　　ドリル

◆１ 発音を聞いて、声母を書き入れなさい。　　　　　　　　　　　CD18

1)（　　）ī　2)（　　）í　3)（　　）ī　4)（　　）í　5)（　　）ì

6)（　　）ì　7)（　　）ì　8)（　　）ì　9)（　　）í　10)（　　）ǐ

◆２ 発音された方に○をつけなさい。　　　　　　　　　　　　　CD19

1) bā pā　2) dē tē　3) gā kā　4) zhī chī　5) zā cā

6) sì sù　7) shī sī　8) zhí jí　9) cì chì　10) xǐ sǐ

3 第三课 Dì sān kè 発音 3

09 韻母 (3) 鼻音を伴う母音

　日本語は鼻音で意味を区別しませんが（案内の「案」も案外の「案」も同じ「あん」）、中国語では鼻音が大切な意味弁別の働きをしています。拼音表記では次のように区別しています。　　　　　　　　　　　　　　　　　　　　　　　　　　　　　　　　　CD20

		①	②	③	④	⑤	⑥	⑦	⑧	⑨	⑩
前鼻音	n で終わる韻母	an	en	ian (yan)	in (yin)			uan (wan)	uen (wen)	üan (yuan)	ün (yun)
後鼻音	ng で終わる韻母	ang	eng	iang (yang)	ing (ying)	iong (yong)	ong	uang (wang)	ueng (weng)		

❖【前鼻音の発音方法】
　「案内」の「案」。舌先を上の歯の裏側から歯茎あたりにつけて音を止めてしまいます。口は開いたままで、**上下の唇を閉じてはいけません。**

❖【後鼻音の発音方法】
　「案外」の「案」。口は開いたままで、**喉から鼻へ音をひっかけるようにします。**このとき、前鼻音と違って舌先は下がったままです。

┃ **小練習(1)** ┃　次の地名を音読しなさい。　　　　　　　　　　　　　　　　CD21

① 北 京　　② 上 海　　③ 天 津　　④ 山 东
　Běi jīng　　Shàng hǎi　　Tiān jīn　　Shān dōng

┃ **小練習(2)** ┃　前鼻音・後鼻音に注意して、次の単語を音読しなさい。　　　CD22

	①		②		③		④	
	金	鱼	天	坛	反	攻	穿	行
	jīn	yú	tiān	tán	fǎn	gōng	chuān	xíng
	鲸	鱼	天	堂	放	工	创	新
	jīng	yú	tiān	táng	fàng	gōng	chuàng	xīn

①②の違いは難しいです。しかし、③④はなんとなくわかるはず。
声調のおかげです。

10 変化する e

e は単独では「ウ」「エ」のいずれでもない音ですが、前後の母音に引きずられて「エ」に聞こえる場合があります。e は i・ü や、n など口の開きが狭く前寄りの音が前後に来ると「エ」に聞こえます。

◢ 小練習（3）◣ e の発音に注意して、下の単語を読みなさい（前後で違います）。　**CD23**

エに聞こえる e
- ei 备课 （ bèi kè ）
- en 分封 （ fēn fēng ）
- ie 夜风 （ yè fēng ）
- uei 各位 （ gè wèi ）
- üe 隔月 （ gé yuè ）

11 ian と iang で変化する a

「ian」は a の前が前寄りの口の開きの狭い母音 i で、後ろも前寄りで口の開きの狭い前鼻音なので a も前寄りに引きずられて「エ」に近く聞こえます（üan の a もこれに準じる）。

◢ 小練習（4）◣ a の発音の違いに注意して、次の中国語を音読しなさい。　**CD24**

① 简　　単　　方　　便　　　② 良　　言　　相　　劝
　　jiǎn　dān　fāng　biàn　　　liáng　yán　xiāng　quàn

12 拼音のつづり方 （1） 音節が i・u・ü で始まる場合

語頭韻母	書き換え規則	例字		書き換え表記
i in ing	i を yi に	一 音 英	(ī) (īn) (īng)	yī yīn yīng
i＋母音 （a, ao, e, ou an, ang, ong）	i を y に	夜 友 永	(iè) (iǒu) (iǒng)	yè yǒu yǒng
u （単独） →	u を wu に	屋	(ū)	wū
u＋母音 （a, o, ai, ei an, en, ang, eng）	u を w に	我 位 万	(uǒ) (uèi) (uàn)	wǒ wèi wàn
ü ün ü＋e ü＋an	ü を yu に	玉 云 月 元	(ù) (ún) (üè) (üán)	yù yún yuè yuán

ü の上の点を取るのは、y を書けば wu と紛れる恐れがないからです。

声母	韻母			
	ü	üe	üan	ün
l	lü	lüe		
n	nü	nüe		
j	ju	jue	juan	jun
q	qu	que	quan	qun
x	xu	xue	xuan	xun

　声母 l・n の後ろには「ウ」と発音する韻母 u がくることがあるので韻母 ü のウムラウト記号は省けません。
　声母 j・q・x の後ろには「ウ」と発音する韻母 u はこないので、韻母 ü が後続したときはウムラウト記号を省きます。

【拼音読み方のコツ】

拼音の書き換えは、逆に言えば次のように覚えればよいということです。
① y は i のこと。②但し yu 〜は i＋u ではなくて ü（ウムラウト）。
③ w は u のこと。④但し ju 〜、qu 〜、xu 〜の u は ü（ウムラウト）。

気をつけよう
j・q・x・y の後
u は隠れたウムラウト！

【拼音書き換えの理由】

拼音で表記したときに読みやすく、誤読しないようにするためです。

例	書き換えなし	どっち？	そこで	書き換え
民谚	míniàn	mí＋niàn? mín＋iàn?	→	mínyàn
青蛙	qīnguā	qīn＋guā? qīng＋uā?	→	qīngwā
新月	xīnüè	xī＋nüè? xin＋iiè?	→	xīnyuè

【なぜこんな規則が？】

拼音が制定された当時、将来は漢字を廃止して中国語をすべて拼音で表記するつもりだった。だから一音節の区切りがはっきりとわかるようにする必要があったんだってさ。

	韻母		声母がないときの表記
①	uei →	wei	声母がない時、主母音 e と o はちゃんと聞こえる。
②	uen →	wen	
③	iou →	you	

声母（例）		韻母		消える e と o
d	+	uei	→	dui
t	+	uen	→	tun
m	+	iou	→	miu

【あら不思議！】
　ところが上の①〜③の韻母に声母がついた場合は、e と o は弱化もしくは消失するので、拼音表記の統一と実用の便のために省略します。

┃ 小練習(5) ┃ つづり方の規則に従って次の単語の拼音表記を正しく書き改めなさい。

① 忘 我	② 友 谊	③ 外 务	④ 文 雅	⑤ 夜 晚
uàng uǒ	iǒu ì	uài ù	uén iǎ	iè uǎn
_____	_____	_____	_____	_____

⑥ 蛙 泳	⑦ 圆 月	⑧ 腰 围	⑨ 无 为	⑩ 有 缘
uā iǒng	üán üè	iāo uéi	ú uéi	iǒu üán
_____	_____	_____	_____	_____

15 声調変化 ....

声調は原則として変化しません。しかし以下の場合のみ例外として変化します。

① 第三声＋第三声→第二声＋第三声　　　　　　　　　　　　　　　　CD25

第三声が連続した場合、前の第三声は第二声に変化。

你　　　好！			很　　　好。		
Nǐ　　 hǎo!	→	Ní hǎo!	Hěn　 hǎo.	→	Hén hǎo.
（本来の声調）		（実際の声調）	（本来の声調）		（実際の声調）

ただし声調の表記は変えず、第三声のままです。

② "不（bù）"＋第四声→"不（bú）"＋第四声

"不（bù）"に第四声が後続するときは、"不（bú）"（第二声）に変化。

不 是		不 大	
bù shì → bú shì		bù dà → bú dà	
（本来の声調） （実際の声調）		（本来の声調） （実際の声調）	

声調の表記も第二声に変えます。

③ "一" の声調変化（第六課 37 頁参照）

16 儿化（アール化） ·· CD26

　音節末を発音する際、舌を巻き上げるようにして r の音を作ることがあります。簡体字表記では巻舌音 "儿（er）" をつけて目印とし、ピンイン表記では音節末尾に r をつけます。これには主に次の a) b) 二つの役割があります。

a) 接尾辞として意味を変える

儿化しないとき			儿化すると		
画	huà	描く	画儿	huàr	絵
活	huó	生きる	活儿	huór	力仕事
盖	gài	ふたをする	盖儿	gàir＊	ふた
玩具	wánjù	おもちゃ	玩儿	wánr＊	遊ぶ

b) 対象をかわいいと感じているニュアンスを表す

儿化しないとき			儿化すると		
花	huā	花	花儿	huār	お花
小猫	xiǎo māo	小猫	小猫儿	xiǎo māor	小猫ちゃん
小孩	xiǎo hái	子ども	小孩儿	xiǎo háir＊	おちびちゃん

＊儿化による音の変化あり

　また、特に働きはなく、普通話の基礎となった北京語の癖として儿化することもあります（例：公园儿 gōngyuánr）。

17 隔音符号 ··

　a・o・e で始まる音節がその他の音節の後に続き音節の区切りが紛らわしくなるとき、読み間違いを防ぐためにアポストロフィを用いて音節の切れ目を示します。

例　① 海岸　　② 配偶　　③ 罪恶　　④ 平安
　　hǎi'àn　　pèi'ǒu　　zuì'è　　píng'ān

❶ 発音された方に○をつけなさい。 CD27

1) bēn bēng　　2) lián liáng　　3) téng tóng　　4) qián qiáng

5) wēn wēng　　6) yuán yáng　　7) yàn yàng　　8) pèn pèng

❷ 発音を聞いて、韻母と声調を書き入れなさい。 CD28

1) b (　　)　　2) k (　　)　　3) f (　　)　　4) f (　　)

5) j (　　)　　6) d (　　)　　7) f (　　)　　8) b (　　)

❸ 声調に注意して次の単語を読み分けなさい。 CD29

1) 知　道　⟷　指　导　　2) 联　系　⟷　练　习
　　zhī dao　⟷　zhǐ dǎo　　　lián xì　⟷　liàn xí

3) 政　治　⟷　正　直　　4) 时　间　⟷　实　践
　　zhèng zhì　⟷　zhèng zhí　　shí jiān　⟷　shí jiàn

5) 通　知　⟷　同　志　　6) 胜　利　⟷　生　理
　　tōng zhī　⟷　tóng zhì　　shèng lì　⟷　shēng lǐ

❶ 各種声調の組み合わせと練習（一） CD30

	一声	二声	三声	四声		四声	三声	二声	一声	
①	山 Shān	河 hé	美 měi	丽 lì	,	万 wàn	古 gǔ	长 cháng	青 qīng	。
②	花 Huā	红 hóng	柳 liǔ	绿 lù	,	地 dì	广 guǎng	人 rén	稀 xī	。
③	经 Jīng	年 nián	累 lěi	月 yuè	,	万 wàn	里 lǐ	长 cháng	征 zhēng	。
④	英 Yīng	明 míng	果 guǒ	断 duàn	,	视 shì	死 sǐ	如 rú	归 guī	。

❷ 各種声調の組み合わせと練習（二） CD31

①	披 pī	头 tóu	散 sàn	发 fà	②	眉 méi	开 kāi	眼 yǎn	笑 xiào	
③	隔 gé	墙 qiáng	有 yǒu	耳 ěr	④	嗤 chī	之 zhī	以 yǐ	鼻 bí	
⑤	良 liáng	药 yào	苦 kǔ	口 kǒu	⑥	群 qún	龙 lóng	无 wú	首 shǒu	
⑦	背 bèi	水 shuǐ	一 yí	战 zhàn	⑧	手 shǒu	忙 máng	脚 jiǎo	乱 luàn	

挨拶言葉と基礎語彙

❶【挨拶言葉】 CD32

①	你好！（こんにちは） Nǐ hǎo!	②	你们好！（皆さんこんにちは） Nǐmen hǎo!
③	谢谢。（ありがとう） Xièxie.	④	不客气。（どういたしまして） Bú kèqi.
⑤	对不起。（ごめんなさい） Duìbuqǐ.	⑥	没关系。（何でもありません） Méi guānxi.
⑦	再见！（さようなら） Zàijiàn!	⑧	慢走。（お気をつけて） Màn zǒu.
⑨	请多关照。（どうぞよろしく） Qǐng duō guānzhào.	⑩	麻烦你（／您）了。（ご面倒をかけました） Máfan nǐ(/nín) le.

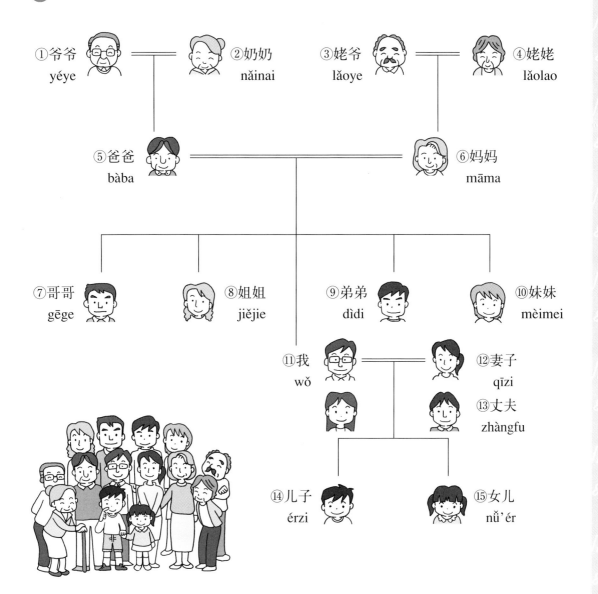

⑪我 wǒ（わたし）の家族

①爷爷	yéye	おじいさん（父方）	②奶奶	nǎinai	おばあさん（父方）
③姥爷	lǎoye	おじいさん（母方）	④姥姥	lǎolao	おばあさん（母方）
⑤爸爸	bàba	お父さん	⑥妈妈	māma	お母さん
⑦哥哥	gēge	お兄さん	⑧姐姐	jiějie	お姉さん
⑨弟弟	dìdi	弟	⑩妹妹	mèimei	妹
⑫妻子	qīzi	妻	⑬丈夫	zhàngfu	夫
⑭儿子	érzi	息子	⑮女儿	nǚ'ér	娘

❸【数字 1】

零	一	二	三	四	五	六	七	八	九	十
líng	yī	èr	sān	sì	wǔ	liù	qī	bā	jiǔ	shí

十一	十二	十三	十四	十五	…	二十	二十一	…	九十九
shíyī	shí'èr	shísān	shísì	shíwǔ	...	èrshí	èrshiyī	...	jiǔshíjiǔ

❹【年月日】

年	月	日 （／号）	星期〈曜日〉	CD35
nián	yuè	rì （/hào）	xīngqī	

1949 年	2008 年	2016 年	CD36
yījiǔsìjiǔ nián	èrlínglíngbā nián	èrlíngyīliù nián	

1 月	2 月	3 月	4 月	5 月	6 月	CD37
yīyuè	èryuè	sānyuè	sìyuè	wǔyuè	liùyuè	
7 月	8 月	9 月	10 月	11 月	12 月	
qīyuè	bāyuè	jiǔyuè	shíyuè	shíyīyuè	shí'èryuè	

1 号	2 号	3 号	4 号	…	10 号	11 号	CD38
yī hào	èr hào	sān hào	sì hào	...	shí hào	shíyī hào	
20 号	21 号	…	…	…	30 号	31 号	
èrshí hào	èrshiyī hào	...	...	...	sānshí hào	sānshiyī hào	

星期一	星期二	星期三	星期四	CD39
xīngqīyī	xīngqī'èr	xīngqīsān	xīngqīsì	
〈月曜日〉	〈火曜日〉	〈水曜日〉	〈木曜日〉	
星期五	星期六	星期天	（／星期日）	
xīngqīwǔ	xīngqīliù	xīngqītiān	（/xīngqīrì）	
〈金曜日〉	〈土曜日〉	〈日曜日〉		

前天〈おととい〉	昨天〈きのう〉	今天〈きょう〉	明天〈あす〉	后天〈あさって〉	CD40
qiántiān	zuótiān	jīntiān	míngtiān	hòutiān	
前年〈一昨年〉	去年	今年	明年〈来年〉	后年〈再来年〉	
qiánnián	qùnián	jīnnián	míngnián	hòunián	

上个星期〈先週〉	这个星期〈今週〉	下个星期〈来週〉	CD41
shàng ge xīngqī	zhège xīngqī	xià ge xīngqī	
上个月〈先月〉	这个月〈今月〉	下个月〈来月〉	
shàng ge yuè	zhège yuè	xià ge yuè	

今天	几	月	几	号	星期几？
Jīntiān	jǐ	yuè	jǐ	hào	xīngqījǐ？

今天	四	月	二十五	号	星期三。
Jīntiān	sì	yuè	èrshiwǔ	hào	xīngqīsān.

5 【数字 2】

100	一百		1,000	一千
	yìbǎi			yìqiān
101	一百零一		1,001	一千零一
	yìbǎi líng yī			yìqiān líng yī
110	一百一 [十]		1,010	一千零一十
	yìbǎi yī(shí)			yìqiān líng yīshí
111	一百一十一		1,100	一千一百
	yìbǎi yīshiyī			yìqiān yìbǎi
120	一百二 [十]		1,101	一千一百零一
	yìbǎi èr(shí)			yìqiān yìbǎi líng yī
200	二百		2,000	两千
	èrbǎi			liǎngqiān
	两百		20,000	两万
	liǎngbǎi			liǎngwàn

【小ゲーム―数字と成語】

次の 1）～ 8）の数字ないし数式は成語を
表しています。右のどれかわかるかな？

1）0000　　　　2）0＋0＝0
3）3.4　　　　　4）2468
5）1＋2＋3　　6）20 ÷ 3
7）1 ÷ 365　　8）1 の n 乗

无独有偶	度日如年
wú dú yǒu ǒu	dùrì rú nián
接二连三	始终如一
jiē èr lián sān	shǐzhōng rúyī
陆续不断	不三不四
lùxù bú duàn	bù sān bú sì
一无所获	四大皆空
yīwú suǒ huò	sì dà jiē kōng

1 発音を聞いて、（ ）に拼音を書きなさい。　　　　　　　　　　CD44

1） yī jiǔ（　　　　　）jiǔ nián

2） yī（　　　　　）qī bā nián

3） èr líng líng（　　　　）nián

4） （　　　　）líng yī líng nián

5） （　　　　）yuè yī hào

6） sān（　　　）shísì hào

7） （　　　）yuè èrshi（　　　）hào

8） （　　　）yuè shí（　　　）hào

9） jīn（　　　）xīng（　　　）yī

10） （　　　）tiān（　　　）qī sì

11） （　　　）tiān xīngqī（　　　　　）

12） （　　　）tiān xīngqī（　　　　　）

2 発音を聞いて空欄に拼音を書き、日本語の意味を書きなさい。　　CD45

1） （　　　）hǎo！

（日）＿＿＿＿＿＿＿＿＿＿＿＿＿

2） （　　　）hǎo！

（日）＿＿＿＿＿＿＿＿＿＿＿＿＿

3） （　　　）谢！

（日）＿＿＿＿＿＿＿＿＿＿＿＿＿

4） 不（　　　）气。

（日）＿＿＿＿＿＿＿＿＿＿＿＿＿

5） （　　　）不起。

（日）＿＿＿＿＿＿＿＿＿＿＿＿＿

6） 没（　　　）xi 。

（日）＿＿＿＿＿＿＿＿＿＿＿＿＿

7） 再（　　　）！

（日）＿＿＿＿＿＿＿＿＿＿＿＿＿

8） （　　　）走 。

（日）＿＿＿＿＿＿＿＿＿＿＿＿＿

9） （　　　）多（　　　）照。

（日）＿＿＿＿＿＿＿＿＿＿＿＿＿

10） 麻（　　　）nǐ 了。

（日）＿＿＿＿＿＿＿＿＿＿＿＿＿

　むかしむかし、唐の太宗の時代（七世紀前半）に玄奘三藏は仏の道の真意を知るために独り国禁を犯して唐都長安を旅立ちました。合計一三八カ国を訪ね歩き、インド半島を一巡して再び長安に戻ってきたのは十六年後のことでした。その後、この大旅行を種にして、いつしか面白おかしい物語『西遊記』ができあがりました。玄奘三藏は『西遊記』の中で三人の弟子に助けられて天竺（インド）まで取経の旅をします。一番弟子は天衣無縫ながら、手のつけられぬ暴れ者の孫悟空。花果山の石から生まれたこのサルは、水簾洞に多くのサルを従えて向かう所敵なく、ついには天界を大いに騒がし、仙桃を盗むなどやりたい放題でした。しかしついに釈迦如来の懲らしめる所となり、五行山下に下敷きにされてしまいます。飢え渇いた時には鉄の団子を喰らい煮えたぎった銅の汁を飲んで堪え忍ぶこと五百年あまり、三藏法師の弟子となって助けることを条件にようやく許されます。一飛び十万八千里の勤斗雲にうち乗り、東海龍王からふんだくった如意棒を武器に、次々と襲いかかる妖怪変化から三藏法師を守りぬくのです。と言っても、常に忠実なる従者などではなく、叱られれば三藏法師に悪態もつき、脱走することも一度や二度ではありません。旅の途中から加わったのが猪八戒と沙悟浄。猪八戒は美食と美女に目がない享楽主義者で、仏弟子の風上にも置けないような奴ですが、愚鈍ながらどこか憎めないところが持ち味。一方の沙悟浄は寡黙で地味ではあるけれど、三藏法師と仏法に帰依する心は一番という役回りです。

　それでは以上を頭に入れた上で、以下本文篇の『西遊記』からのズレっぷりを楽しんでもらえればうれしく思います。謝謝！

【凡例】
1) （／　）は置き換え可能であることを示す。
　　例："这儿"（／这里）
2) [ ] は省略可能であることを示す。
　　例：没[有]买裤子。
3) A／BはAもしくはBであることを示す。
　　例：[快／就]要……了
4) 新出単語・補充単語中の①②の数字は他の課に別の用法があることを示す。
　　なお拼音の表記法については、《新华拼写词典》（商务印书馆、2010 年）に準拠した。

【各課の字謎について】
　お題から漢字一字を当ててください。答え（謎底）は同じ課の中の漢字です。

4 第四课 初次见面 はじめまして
Dì sì kè　Chūcì jiàn miàn

[会話A] CD46

和尚： 你 好！
Héshang　Nǐ hǎo!

悟空： 您 好！
Wùkōng　Nín hǎo!

和尚： 你 姓 什么？ 叫 什么 名字？
Nǐ xìng shénme?　Jiào shénme míngzi?

悟空： 我 姓 孙， 叫 孙 悟空。
Wǒ xìng Sūn, jiào Sūn Wùkōng.

[会話B] CD47

悟空： 您 贵姓？
Nín guìxìng?

和尚： 我 姓 陈， 叫 陈 祎。
Wǒ xìng Chén, jiào Chén Huī.

悟空： 您 做 什么 工作？
Nín zuò shénme gōngzuò?

和尚： 我 是 和尚。 你 也 信 佛 吗？
Wǒ shì heshang.　Nǐ yě xìn Fó ma?

悟空： 我们 猴子 都 不 信 佛。
Wǒmen hóuzi dōu bú xìn Fó.

和尚： ……
……

陈祎（陳褘）：『西遊記』の主人公・玄奘三藏法師の本名。

CD48

和尚	héshang	和尚	做①	zuò	する、行う
孙悟空	Sūn Wùkōng	孫悟空	工作①	gōngzuò	仕事
你	nǐ	あなた	是	shì	～である
好①	hǎo	よい	也①	yě	…も（文法参照）
您	nín	あなた（敬称）	信①	xìn	信じる
姓	xìng	～を姓とする	佛	Fó	仏
什么	shénme	何、何の	吗	ma	（文法参照）
叫①	jiào	～という名である	我们	wǒmen	私たち
名字	míngzi	名前	猴子	hóuzi	サル
我	wǒ	私	都①	dōu	みな、すべて（文法参照）
贵姓	guìxìng	御姓	不	bù	（文法参照）

補 充 単 語

CD49

童钟文	Tóng Zhōngwén	（人名）	电影	diànyǐng	映画
王望	Wáng Wàng	（人名）	美国	Měiguó	アメリカ
他	tā	彼	日本	Rìběn	日本
她	tā	彼女	法国	Fǎguó	フランス
老师	lǎoshī	教師、先生	英国	Yīngguó	英国
学生	xuésheng	学生	中国	Zhōngguó	中国
日本人	Rìběnrén	日本人	们	men	（文法参照）
中国人	Zhōngguórén	中国人	咱们	zánmen	私たち
医生	yīshēng	医者	它	tā	それ、あれ
护士	hùshi	看護師	谁	shéi	誰
吃	chī	食べる	说	shuō	話す
面包	miànbāo	パン	英语	Yīngyǔ	英語
喝	hē	飲む	日语	Rìyǔ	日本語
咖啡	kāfēi	コーヒー	学	xué	学ぶ
牛奶	niúnǎi	牛乳	汉语	Hànyǔ	中国語
看	kàn	見る、読む	法语	Fǎyǔ	フランス語
小说	xiǎoshuō	小説	留学生	liúxuéshēng	留学生
电视	diànshì	テレビ			

CD50-53

1

A　您　贵姓？
　　Nín　guìxìng?

B　我　姓　童，叫　童　钟文。
　　Wǒ　xìng　Tóng, jiào Tóng　Zhōngwén.

A　她　姓　什么？
　　Tā　xìng　shénme?

B　她　姓　王。
　　Tā　xìng　Wáng.

A　她　叫　什么　名字？
　　Tā　jiào　shénme　míngzi?

B　她　叫　王　望。
　　Tā　jiào　Wáng Wàng.

クラスメートの名前の中国語
読みを調べて練習しよう。

2

A　你　是　老师　吗？
　　Nǐ　shì　lǎoshī　ma?

B　我　是　学生。我　不　是　老师。
　　Wǒ　shì　xuésheng.　Wǒ　bú　shì　lǎoshī.

1）他　日本人　中国人
　　Tā　Rìběnrén Zhōngguórén

2）她　医生　护士
　　Tā　yīshēng　hùshi

3

A　你　吃　什么？
　　Nǐ　chī　shénme?

B　我　吃　面包。
　　Wǒ　chī　miànbāo.

1）喝（咖啡 / 牛奶）
　　hē　kāfēi　niúnǎi

2）看（小说 / 电视）
　　kàn　xiǎoshuō　diànshì

4

A　你　看　什么　电影？
　　Nǐ　kàn　shénme diànyǐng?

B　我　看　美国　电影。
　　Wǒ　kàn　Měiguó diànyǐng.

1）日本 / 法国
　　Rìběn　Fǎguó

　　英国 / 中国
　　Yīngguó　Zhōngguó

第四課　リスニング練習

CD54-56

1 単語の発音を聞いて拼音の韻母部分（声調も）を補い、簡体字で書きなさい。

1）x　　sh　　　　2）h　　sh　　　　3）y　　sh　　　　4）d　　y

簡　_____　　_____　　_____　　_____

2 中国語を聞いて、空欄に入る語を簡体字で書きなさい。

1）您（　　　　　）?

2）你（　　　）什么名字?

3）你做什么（　　　　　）?

4）我（　　　　）老师。

3 中国語の質問を聞き、答えとして正しいものを選びなさい。

1）
①我是日本人。　②我是学生。　③我看电影。　④我姓王。

2）
①我不是日本人。　②我叫王望。　③我是老师。　④我吃面包。

3）
①我看小说。　②她不吃面包。　③她喝牛奶。　④我喝咖啡。

🍶 覚えるのに苦労する？中国人の姓

王	Wáng
汪	Wāng
旺	Wàng
完	Wán
宛	Wǎn
万	Wàn

日本人が聞き取るとみんな「ワン」さん。どうする？

字?謎

路易十四

（ルイ十四世）

25

1　人称代名詞

	一人称	二人称	三人称	疑問
単数	我 wǒ	你 nǐ ／ 您 nín	他 ／ 她 ／ 它 tā	谁 shéi
複数	我们 wǒmen 咱们 zánmen	你们 nǐmen	他(她)们 tāmen 它们　　　 tāmen	

2　動詞述語文 1（名乗り方 "姓"・"叫"）

1） 您贵姓？　　　　　　　　　　　　Nín guìxìng?

　　我姓孙，叫孙悟空。　　　　　　　　Wǒ xìng Sūn, jiào Sūn Wùkōng.

2） 你姓什么？　　　　　　　　　　　Nǐ xìng shénme?

　　我姓王，叫王望。　　　　　　　　Wǒ xìng Wáng, jiào Wáng Wàng.

3） 他叫什么名字？　　　　　　　　　Tā jiào shénme míngzi?

　　他叫童钟文。　　　　　　　　　　Tā jiào Tóng Zhōngwén.

3　動詞述語文 2 と "吗" 疑問文

1） 我是日本人。　　　　　　　　　　Wǒ shì Rìběnrén.

2） 我不是中国人。　　　　　　　　　Wǒ bú shì Zhōngguórén.

3） 你是医生吗？　　　　　　　　　　Nǐ shì yīshēng ma?

　　是。／ 不是。　　　　　　　　　　Shì. / Bú shì.

4） 中国人吃面包吗？　　　　　　　　Zhōngguórén chī miànbāo ma?

　　吃。／ 不吃。　　　　　　　　　　Chī. / Bù chī.

5） 他们说英语，不说日语。　　　　　Tāmen shuō Yīngyǔ, bù shuō Rìyǔ.

4　疑問詞疑問文

1） 他是谁？　　　　　　　　　　　　Tā shì shéi?

2） 谁喝咖啡？　　　　　　　　　　　Shéi hē kāfēi?

3） 你学什么？　　　　　　　　　　　Nǐ xué shénme?

4） 你看什么电影？　　　　　　　　　Nǐ kàn shénme diànyǐng?

5 副詞 "也" ① ・ "都" ①

1) 我学汉语，也学英语。　　　　　Wǒ xué Hànyǔ, yě xué Yīngyǔ.

2) 我们都说法语，她们也都说法语。　Wǒmen dōu shuō Fǎyǔ, tāmen yě dōu shuō Fǎyǔ.

3) 他们也都不是留学生。　　　　　Tāmen yě dōu bú shì liúxuéshēng.

第四课 ドリル

◆ 次の語句を並べ替えて、日本語に相当する中国語を作りなさい。

1) 什么 / 你 / 名字 / 叫？
　あなたは何という名前ですか？

　_____

2) 不 / 日本人 / 他 / 是 / 也。
　彼も日本人ではありません。

　_____

3) 们 / 吗 / 是 / 护士 / 她 / 都？
　彼女たちはみな看護師ですか？

　_____

4) 看 / 什么 / 你 / 电影？
　あなたは何の映画を見ますか？

　_____

◆ 次の日本語を中国語に訳しなさい。

1) 彼女は誰ですか？

　_____

2) 彼女の姓は何ですか？

　_____

3) 彼女は何を食べますか？

　_____

4) 私たちもみな和尚ではありません。

　_____

●謎底：旺（太陽王）

27

5

第五课
Dì wǔ kè

这是什么？
Zhè shì shénme?

これは何？

[会話A] CD62

悟空： 这 是 什么？
Zhè shì shénme?

和尚： 这 是 帽子。
Zhè shì màozi.

悟空： 您 的 帽子 很 好看。
Nín de màozi hěn hǎokàn.

和尚： 谢谢！ 你 有 没有 帽子？
Xièxie! Nǐ yǒu méiyǒu màozi?

悟空： 我 没有 帽子。
Wǒ méiyǒu màozi.

[会話B] CD63

和尚： 你 看， 我 有 两 个 桃子。 你 要 哪个？
Nǐ kàn, wǒ yǒu liǎng ge táozi. Nǐ yào nǎge?

悟空： 这个 桃子 大， 那个 小， 我 要 大 的。
Zhège táozi dà, nàge xiǎo, wǒ yào dà de.

和尚： 我 吃 小 的。 味道 很 甜， 非常 好吃。
Wǒ chī xiǎo de. Wèidao hěn tián, fēicháng hǎochī.

悟空： 我 的 太 酸， 不 好吃！
Wǒ de tài suān, bù hǎochī!

这	zhè	これ、この		要①	yào	要る
帽子	màozi	帽子		哪	nǎ	どれ
的①	de	（文法参照）		那①	nà	あれ
很	hěn	（文法参照）		大①	dà	大きい
好看	hǎokàn	きれい、美しい		小	xiǎo	小さい
谢谢	xièxie	ありがとう		味道	wèidao	味
有①	yǒu	持つ、所有する		甜	tián	甘い
没[有]①	méi[yǒu]	持ってない、～がない		非常	fēicháng	非常に
你看	Nǐ kàn	ほら、ねえ		好吃	hǎochī	美味しい
(两)	(liǎng)	（二：基礎語彙）		太	tài	あまりに、甚だ
个	ge	量詞（文法参照）		酸	suān	酸っぱい
桃子	táozi	もも				

贵	guì	値段が高い		食堂	shítáng	食堂
条	tiáo	（量詞）		漂亮	piàoliang	きれい
裤子	kùzi	ズボン		本	běn	（量詞）
便宜	piányi	値段が安い		穿	chuān	着る、はく
公园	gōngyuán	公園		裙子	qúnzi	スカート
远	yuǎn	遠い		人	rén	人
车	chē	車		热	rè	暑い
报纸	bàozhǐ	新聞		冷	lěng	寒い
电脑	diànnǎo	コンピュータ		东西	dōngxi	もの
去①	qù	行く		书	shū	書物
相机	xiàngjī	カメラ		杯	bēi	（量詞）
买	mǎi	買う		茶	chá	茶
自行车	zìxíngchē	自転車		水	shuǐ	水
摩托车	mótuōchē	オートバイ		少	shǎo	少ない
词典	cídiǎn	辞書		不太…	bú tài…	あまり…でない
数码	shùmǎ	デジタル		多	duō	多い
智能手机	zhìnéng shǒujī	スマートフォン		难	nán	難しい
(手机)		（携帯電話）				

CD66-68

1

A 这个　桃子　贵　吗？
Zhège　táozi　guì　ma?

B 这个　桃子　不　贵。
Zhège　táozi　bú　guì.

A 这个　桃子　好吃　吗？
Zhège　táozi　hǎochī　ma?

B 这个　桃子　很　好吃。
Zhège　táozi　hěn　hǎochī.

1）这 条 裤子
zhè tiáo kùzi

便宜　好看
piányi　hǎokàn

2）那个 公园
nàge gōngyuán

远　大
yuǎn　dà

2

A 你　是　不　是　留学生？
Nǐ　shì　bu　shì　liúxuéshēng?

B 我　是　留学生。
Wǒ　shì　liúxuéshēng.

A 你　有　没有　车？
Nǐ　yǒu　méiyǒu　chē?

B 我　没有　车。
Wǒ　méiyǒu　chē.

1）看　报纸　电脑
kàn　bàozhǐ　diànnǎo

2）去　美国　相机
qù　Měiguó　xiàngjī

3

A 你　买　不　买　自行车？
Nǐ　mǎi　bu　mǎi　zìxíngchē?

D 我　不　买　自行车，我　买　摩托车。
Wǒ　bù　mǎi　zìxíngchē,　wǒ　mǎi　mótuōchē.

A 摩托车　贵　不　贵？
Mótuōchē　guì　bu　guì?

B 摩托车　不　贵。
Mótuōchē　bú　guì.

1）词典　电脑
cídiǎn　diànnǎo

2）数码 相机　智能 手机
shùmǎ xiàngjī　zhìnéng shǒujī

第五课　リスニング練習

CD69-71

❶ 単語の発音を聞いて拼音の韻母部分（声調も）を補い、簡体字で書きなさい。

1） c ___ d ___ 　　**2）** w ___ d ___ 　　**3）** t ___ z ___ 　　**4）** sh ___ m ___

簡 _____　_____　_____　_____

❷ 中国語を聞き、空欄に入る語を簡体字で書きなさい。

1）（　　　）是什么？

2） 帽子（　　　　）吗？

3） 裤子（　　　）（　　　　　）。

4）（　　　）不是电视，是（　　　　　）。

❸ 中国語の質問を聞き、答えとして正しいものを選びなさい。

1）
①我是日本人。　②我不是留学生。　③她是老师。　④她是留学生。

2）
①公园很大。　②公园不远。　③公园很小。　④公园不大。

3）
①她是学生。　②词典不便宜。　③那不是自行车。　④那是电脑。

字？謎
一夜又一夜。

第五课　文法

1　定語と構造助詞 "的" ①

1）	我的词典	wǒ de cídiǎn
2）	很大的食堂	hěn dà de shítáng
3）	很漂亮的公园	hěn piàoliang de gōngyuán
4）	这是我的帽子，不是你的。	Zhè shì wǒ de màozi, bú shì nǐ de.
5）	我要大的，不要小的。	Wǒ yào dà de, bú yào xiǎo de.

2　量詞と指示代詞

【常用量詞】（一）

量詞		名詞（例）	量詞		名詞（例）
个	ge	人 rén、东西 dōngxi	杯	bēi	茶 chá、水 shuǐ
本	běn	书 shū、词典 cídiǎn	条	tiáo	裤子 kùzi、裙子 qúnzi

ex. 一个人、两本书、三杯茶、四条裤子 etc.

【指示代詞】 "这"・"那"・"哪"

1）	这是电脑。	Zhè shì diànnǎo.	"这"	これ
2）	那是智能手机。	Nà shì zhìnéng shǒujī.	"那"	それ あれ
3）	你要哪个？	Nǐ yào nǎge?	"哪"	どれ
	我要这个。	Wǒ yào zhège.		
4）	哪[一]本是你的词典？	Nǎ [yì] běn shì nǐ de cídiǎn?		
	这本是我的词典。	Zhè běn shì wǒ de cídiǎn.		
5）	我穿这条裙子。	Wǒ chuān zhè tiáo qúnzi.		

3　形容詞述語文

1）今天很热。　Jīntiān hěn rè.　　　昨天不热。　Zuótiān bú rè.

　明天冷吗？　Míngtiān lěng ma?　　明天非常冷。　Míngtiān fēicháng lěng.

2）人太少，工作太多。　Rén tài shǎo, gōngzuò tài duō.

3）手机很贵，电脑也很贵。　Shǒujī hěn guì, diànnǎo yě hěn guì.

4　反復疑問文

1）那个人是不是老师？　Nàge rén shì bu shì lǎoshī?

　他是老师。 ／ 他不是老师。　Tā shì lǎoshī. / Tā bú shì lǎoshī.

2） 你有没有自行车？　　　　　Nǐ yǒu méiyǒu zìxíngchē?

3） 你喝不喝茶？　　　　　　　Nǐ hē bu hē chá?

4） 日语难不难？　　　　　　　Rìyǔ nán bu nán?
　　　日语很难。　　　　　　　　　Rìyǔ hěn nán.
　　　日语不难。　　　　　　　　　Rìyǔ bù nán.
　　　日语不太难。　　　　　　　　Rìyǔ bú tài nán.

第五课	ドリル

❶ 次の語句を並べ替えて、日本語に相当する中国語を作りなさい。

1）不／咖啡／喝／你／喝
　　あなたはコーヒーを飲みますか？

　　_____

2）多／太／留学生／不
　　留学生はあまり多くありません。

　　_____

3）电脑／哪个／你／是／的
　　どれがあなたのコンピュータですか？

　　_____

4）漂亮／公园／那个／漂亮／不
　　あの公園はきれいですか？

　　_____

❷ 次の日本語を中国語に訳しなさい。

1）あなたの携帯電話は高いですか？

　　_____

2）今日も暑くありません。

　　_____

3）あなたはカメラを持っていますか？

　　_____

4）あなたはどれがほしいですか？

　　_____

●謎底：多

6 第六课 Dì liù kè 家庭 情况 Jiātíng qíngkuàng 家庭の様子

[会話A] CD76

和尚： 你 家 在 哪儿？
Nǐ jiā zài nǎr?

悟空： 我 家 在 花果山。
Wǒ jiā zài Huāguǒshān.

和尚： 你 家 离 这儿 远 不 远？
Nǐ jiā lí zhèr yuǎn bu yuǎn?

悟空： 我 家 离 这儿 很 远。
Wǒ jiā lí zhèr hěn yuǎn.

和尚： 从 这儿 到 你 家 怎么 走？
Cóng zhèr dào nǐ jiā zěnme zǒu?

悟空： 从 这儿 一直 往 前 走。
Cóng zhèr yìzhí wǎng qián zǒu.

[会話B] CD77

和尚： 你 家 有 几 口 人？
Nǐ jiā yǒu jǐ kǒu rén?

悟空： 我 家 有 一百 零 八 口 人。
Wǒ jiā yǒu yìbǎi líng bā kǒu rén.

和尚： 你 家 都 有 什么 人？
Nǐ jiā dōu yǒu shénme rén?

悟空： 爸爸、 妈妈， 还 有 很 多 兄弟 姐妹。
Bàba, māma, hái yǒu hěn duō xiōngdì jiěmèi.

和尚： 你们 关系 怎么样？
Nǐmen guānxi zěnmeyàng?

悟空： 我们 关系 很 好。
Wǒmen guānxi hěn hǎo.

花果山：孙悟空は花果山で多くのサルたちを従えて暮らしていた。

家	jiā	家	往	wǎng	…に
在①	zài	…にある	前	qián	前
		…にいる	几	jǐ	いくつ、いくら
哪儿（／哪里①）	nǎr (/nǎli)	どこ	口	kǒu	（量詞）
离	lí	…から	什么人	shénme rén	どのような人
这儿（／这里）	zhèr (/zhèli)	ここ	还①	hái	まだ、ほかに
从	cóng	…から	兄弟	xiōngdì	兄弟
到①	dào	…まで	姐妹	jiěmèi	姉妹
怎么①	zěnme	どのように	关系	guānxi	仲、関係
走①	zǒu	行く、歩く	怎么样	zěnmeyàng	どう、いかが
一直①	yìzhí	まっすぐ			

东京	Dōngjīng	東京	左	zuǒ	左
大学	dàxué	大学	右	yòu	右
大阪	Dàbǎn	大阪	拐	guǎi	曲がる
车站	chēzhàn	駅、停留所	朋友	péngyou	友人
京都	Jīngdū	京都	同学	tóngxué	同級生
邮局	yóujú	郵便局	公司	gōngsī	会社
和	hé	…と	德国	Déguó	ドイツ
那儿（／那里）	nàr (/nàli)	あそこ	汽车	qìchē	自動車
学习	xuéxí	学ぶ、勉強する	个子	gèzi	背丈、身長
最近	zuìjìn	最近	矮	ǎi	背が低い
近	jìn	近い	高	gāo	高い
学校	xuéxiào	学校	忙	máng	忙しい
出发	chūfā	出発する			

1

A 你　家　在　哪儿？
　Nǐ　jiā　zài　nǎr?

B 我　家　在　<u>东京</u>。
　Wǒ　jiā　zài　Dōngjīng.

A 你　家　离　<u>大学</u>　远　不　远？
　Nǐ　jiā　lí　dàxué　yuǎn　bu　yuǎn?

B 我　家　离　<u>大学</u>　很　远。
　Wǒ　jiā　lí　dàxué　hěn　yuǎn.

1）大阪　车站
　Dàbǎn　chēzhàn

2）京都　邮局
　Jīngdū　yóujú

2

A 你　家　有　几　口　人？
　Nǐ　jiā　yǒu　jǐ　kǒu　rén?

B 我　家　有　<u>四</u>　口　人。
　Wǒ　jiā　yǒu　sì　kǒu　rén.

A 你　家　都　有　什么人？
　Nǐ　jiā　dōu　yǒu　shénme rén?

B 有　爸爸、　妈妈、　<u>姐姐</u>　和　我。
　Yǒu　bàba、　māma、　jiějie　hé　wǒ.

1）五　哥哥　弟弟
　wǔ　gēge　dìdi

2）六　爷爷　奶奶　妹妹
　liù　yéye　nǎinai　mèimei

3

A 你　有　兄弟　姐妹　吗？
　Nǐ　yǒu　xiōngdì　jiěmèi　ma?

B 我　没有　兄弟　姐妹。　你　有　吗？
　Wǒ　méiyǒu　xiōngdì　jiěmèi.　Nǐ　yǒu　ma?

A 我　有　一　个　<u>哥哥</u>　和　两　个　<u>弟弟</u>。
　Wǒ　yǒu　yí　ge　gēge　hé　liǎng　ge　dìdi.

1）弟弟　妹妹
　dìdi　mèimei

2）哥哥　姐姐
　gēge　jiějie

字谜

无心。

（無心）

36

CD83-85

1 単語の発音を聞いて拼音の韻母部分（声調も）を補い、簡体字で書きなさい。

1）y ___ zh ___ 　2）x ___ d ___ 　3）g ___ x ___ 　4）ch ___ zh ___

簡 _____　_____　_____　_____

2 中国語を聞いて、空欄に入る語を簡体字で書きなさい。

1）你家在（　　　　　）？

2）你家（　　　）大学远不远？

3）你家有（　　　　　）？

4）（　　　）这儿（　　　）你家怎么走？

3 中国語の質問を聞き、答えとして正しいものを選びなさい。

1）
①我家在大阪。②我家有五口人。③我有三个姐姐。④我有一个哥哥和一个弟弟。

2）
①我家离大学很远。　②我家在东京。　③我家不在那儿。　④我家很大。

3）
①我有一个妹妹。　②我没有电脑。　③我家有四口人。　④我有两个相机。

👤 **まとめ── "一（yī）" の声調変化**

"一" の声調は後続する語の声調によって次のように変化します。

一（yī）：本来は第一声	後続声調	単語	数量
一（yì）：第4声に変化	第1声：	一般（yìbān）	一张（yì zhāng）
	第2声：	一直（yìzhí）	一条（yì tiáo）
	第3声：	一起（yìqǐ）	一本（yì běn）
一（yí）：第2声に変化	第4声：	一样（yíyàng）	一次（yí cì）

※ただし、**a) 序数（順序を表す場合）**、**b) 語の末尾**では変化しません。

　a）　一月　yīyuè　　一号　yī hào　　一年级　yī niánjí

　b）　第一　dì yī　　统一　tǒngyī　　万一　wànyī

※一点（1時）は yì diǎn ですが、人によっては yī diǎn と発音しています。

1　存在動詞"在"①と場所指示代詞"这儿（／这里）"・"那儿（／那里）"・"哪儿（／哪里①）"

"这儿"	ここ そこ
"那儿"	あそこ
"哪儿"	どこ

1）我在这儿（／这里）。　　　　　　　Wǒ zài zhèr (/zhèli).

2）他在那儿（／那里）。　　　　　　　Tā zài nàr (/nàli).

3）你去哪儿（／哪里）？　　　　　　　Nǐ qù nǎr (/nǎli)?
　　我去那儿（／那里）。　　　　　　　Wǒ qù nàr (/nàli).

4）你家在哪儿（／哪里）？　　　　　　Nǐ jiā zài nǎr (/nǎli)?
　　我家在大阪。　　　　　　　　　　Wǒ jiā zài Dàbǎn.

2　"怎么"①・"怎么样"

1）汉语怎么学习？　　　　　　　　　　Hànyǔ zěnme xuéxí?

2）你最近怎么样？　　　　　　　　　　Nǐ zuìjìn zěnmeyàng?

3　介詞"离"・"从～到"・"往"

1）我家离这儿很近。　　　　　　　　　Wǒ jiā lí zhèr hěn jìn.

2）邮局离车站不远。　　　　　　　　　Yóujú lí chēzhàn bù yuǎn.

3）我们从学校出发。　　　　　　　　　Wǒmen cóng xuéxiào chūfā.

4）从这儿到车站怎么走？　　　　　　　Cóng zhèr dào chēzhàn zěnme zǒu?
　　从那儿往左（／右）拐。　　　　　　Cóng nàr wǎng zuǒ (/yòu) guǎi.

4　家族構成の尋ね方

1）你家有几口人？　　　　　　　　　　Nǐ jiā yǒu jǐ kǒu rén?
　　我家有三口人。　　　　　　　　　　Wǒ jiā yǒu sān kǒu rén.

2）你家都有什么人？　　　　　　　　　Nǐ jiā dōu yǒu shénme rén?
　　我家有爸爸、妈妈和我。　　　　　　Wǒ jiā yǒu bàba、māma hé wǒ.

5　定語＋名詞（cf. 第五課文法1）

1）我哥哥、我朋友、我同学 etc.　　　　wǒ gēge、wǒ péngyou、wǒ tóngxué

2）我家、我们大学、他们公司 etc.　　　wǒ jiā、wǒmen dàxué、tāmen gōngsī

3）德国汽车、汉语老师 etc.　　　　　　Déguó qìchē、Hànyǔ lǎoshī

4）小词典、大食堂 etc.　　　　　　　　xiǎo cídiǎn、dà shítáng

5）很多兄弟姐妹　　　　　　　　　　　hěn duō xiōngdì jiěmèi

1）他个子很矮。 　　　　　　　　Tā gèzi hěn ǎi.

2）她个子不高。 　　　　　　　　Tā gèzi bù gāo.

3）你工作忙不忙？ 　　　　　　　Nǐ gōngzuò máng bu máng?

4）他们关系怎么样？ 　　　　　　Tāmen guānxi zěnmeyàng?

第六课　　　ドリル

◆**1** 次の語句を並べ替えて、日本語に相当する中国語を作りなさい。

1）高 / 不太 / 哥哥 / 个子 / 我
　　私の兄は背があまり高くない。

　　_____

2）这儿 / 远 / 我们 / 离 / 大学 / 不
　　私たちの大学はここから遠くない。

　　_____

3）都 / 什么 / 有 / 人 / 你家
　　あなたの家の家族構成は？

　　_____

4）这儿 / 从 / 走 / 车站 / 怎么 / 到
　　ここから駅までどうやって行きますか？

　　_____

◆**2** 次の日本語を中国語に訳しなさい。

1）あそこを右に曲がってください。

　　_____

2）あなたには兄弟が何人いますか？

　　_____

3）彼らの会社は仕事が忙しいですか？

　　_____

4）私の父には多くの兄弟姉妹がいます。

　　_____

●謎底：忙

7

第七课
Dì qī kè

今年多大？　今年は何歳ですか？
Jīnnián duōdà?

[会話A] CD92

和尚：　你　今年　多大？
　　　　Nǐ　jīnnián　duōdà?

悟空：　我　今年　一千二百一十九　岁。
　　　　Wǒ　jīnnián　yìqiān èrbǎi yīshíjiǔ　suì.

和尚：　你　的　生日　是　几　月　几　号？
　　　　Nǐ　de　shēngrì　shì　jǐ　yuè　jǐ　hào?

悟空：　我　的　生日　是　四　月　八　号。
　　　　Wǒ　de　shēngrì　shì　sì　yuè　bā　hào.

[会話B] CD93

和尚：　你　在　天上　做了　很　多　坏　事儿　吧？
　　　　Nǐ　zài　tiānshang　zuòle　hěn　duō　huài　shìr　ba?

悟空：　我　没　做　坏　事儿。　我　只是　不　喜欢　玉帝。
　　　　Wǒ　méi　zuò　huài　shìr.　Wǒ　zhǐshì　bù　xǐhuan　Yùdì.

和尚：　你　为　什么　不　喜欢　他？
　　　　Nǐ　wèi　shénme　bù　xǐhuan　tā?

悟空：　他　让　我　放　马，　我　觉得　没　意思。
　　　　Tā　ràng　wǒ　fàng　mǎ,　wǒ　juéde　méi　yìsı.

注

孫悟空の年齢：『西遊記』の記述によると、孫悟空が生まれたのは紀元前580年頃、三藏法師に出会っ
たのは西暦639年なので、当時は1219歳ぐらいと考えられる。

四月八号：本当はお釈迦様の誕生日。

玉帝：天上神仙世界の帝王。悟空は玉帝に下級の馬飼い役を与えられて腹を立てた。

多大	duōdà	何歳	吧①	ba	…だろう（推量の語気助詞）
岁	suì	歳	没[有]②	méi[yǒu]	（文法参照）
生日	shēngrì	誕生日	只是	zhǐshì	ただ…だけ
在②	zài	…で（文法参照）	喜欢	xǐhuan	好きだ
天①	tiān	天、空	为什么	wèi shénme	なぜ
上①	shàng	上（文法参照）	让	ràng	…させる
了①	le	（文法参照）	放马	fàng mǎ	馬を飼う
坏	huài	悪い	觉得	juéde	…と思う、感じる
事[儿]	shì[r]	事	没意思	méi yìsi	面白くない

做②	zuò	作る	芝士	zhīshì	チーズ
饭	fàn	ご飯	书包	shūbāo	かばん
玩儿	wánr	遊ぶ	桌子	zhuōzi	机、テーブル
游戏	yóuxì	ゲーム	面	miàn	面（文法参照）
打扫	dǎsǎo	掃除する	旁	páng	横（文法参照）
房间	fángjiān	部屋	边[儿]	biān[r]	辺（文法参照）
洗	xǐ	洗う	图书馆	túshūguǎn	図書館
衣服	yīfu	衣服	后	hòu	後（文法参照）
蛋糕	dàngāo	ケーキ	来①	lái	来る
巧克力	qiǎokèlì	チョコレート	下①	xià	下（文法参照）
饮料	yǐnliào	飲料	里①	lǐ	中（文法参照）
红茶	hóngchá	紅茶	外	wài	外（文法参照）
水果	shuǐguǒ	果物	电车	diànchē	電車
可乐	Kělè	コーラ	家务	jiāwù	家事

CD96-98

1

A　你　今年　多大？
　　Nǐ　jīnnián　duōdà?

B　我　今年　18　岁。
　　Wǒ　jīnnián　shíbā　suì.

A　我　也　是　18　岁。
　　Wǒ　yě　shì　shíbā　suì.

　　你　的　生日　是　几　月　几　号？
　　Nǐ　de　shēngrì　shì　jǐ　yuè　jǐ　hào?

B　我　的　生日　是　10　月　1　号。
　　Wǒ　de　shēngrì　shì　shí　yuè　yī　hào.

2

A　你　妈妈　让　你　看　电视　吗？
　　Nǐ　māma　ràng　nǐ　kàn　diànshì　ma?

B　我　妈妈　不　让　我　看　电视。
　　Wǒ　māma　bú　ràng　wǒ　kàn　diànshì.

A　她　让　你　做　什么？
　　Tā　ràng　nǐ　zuò　shénme?

B　她　让　我　做　饭。
　　Tā　ràng　wǒ　zuò　fàn.

3

A　你　昨天　吃了　什么　蛋糕？
　　Nǐ　zuótiān　chīle　shénme　dàngāo?

B　我　昨天　吃了　巧克力　蛋糕。
　　Wǒ　zuótiān　chīle　qiǎokèlì　dàngāo.

A　你　喝了　什么　饮料？
　　Nǐ　hēle　shénme　yǐnliào?

B　我　喝了　一　杯　红茶。
　　Wǒ　hēle　yì　bēi　hóngchá.

登場人物（年齢・誕生日は自由に設定）

爸爸　妈妈　哥哥
bàba　māma　gēge

姐姐　弟弟　妹妹
jiějie　dìdi　mèimei

1）玩儿　游戏
　　wánr　yóuxì

　　打扫　房间
　　dǎsǎo　fángjiān

2）玩儿　手机
　　wánr　shǒujī

　　洗　衣服
　　xǐ　yīfu

1）水果　可乐
　　shuǐguǒ　kělè

2）芝士　咖啡
　　zhīshì　kāfēi

第七課　リスニング練習

CD99-101

1 単語の発音を聞いて拼音の韻母部分（声調も）を補い、簡体字で書きなさい。

1） j　　d　　　　　**2）** x　　h　　　　　**3）** f　　j　　　　　**4）** k　　l

簡 _____　　　　_____　　　　_____　　　　_____

2 中国語を聞き、空欄に入る語を簡体字で書きなさい。

1） 你今年（　　　　）?

2） 明天几月几号（　　　　　　）?

3） 我的生日是（　　）月（　　　　　）号。

4） 妈妈（　　　　）我做饭。

3 中国語の質問を聞き、答えとして正しいものを選びなさい。

1）

　①我家有六口人。　②今天星期五。　③我今年 19 岁。　④我的生日是 7 月 18 号。

2）

　①今天不是星期五。　②明天是我的生日。　③今天不是星期六。　④明天是星期四。

3）

　①我妈妈今年 42 岁。　②我妈妈不让我洗衣服。

　③我妈妈让我喝可乐。　④我妈妈不洗衣服。

一人

第七課　文法

CD102-106

1　名詞述語文

1）你妹妹几岁？　　　　　　　　　Nǐ mèimei jǐ suì?

　　她三岁。　　　　　　　　　　　　Tā sān suì.

2）她今年多大？　　　　　　　　　Tā jīnnián duōdà?

　　她今年十八岁。　　　　　　　　　Tā jīnnián shíbā suì.

3）今天几月几号星期几？　　　　　Jīntiān jǐ yuè jǐ hào xīngqī jǐ?

　　今天一月一号星期天。　　　　　　Jīntiān yī yuè yī hào xīngqītiān.

cf. 你的生日是几月几号？　　　　Nǐ de shēngrì shì jǐ yuè jǐ hào?

　　我的生日是四月八号。　　　　　　Wǒ de shēngrì shì sì yuè bā hào.

2　方位詞

1）你的书包在桌子上[面]。　　　　Nǐ de shūbāo zài zhuōzi shang [mian].

2）食堂[的]旁边[儿]是图书馆。　　Shítáng [de] pángbiān[r] shì túshūguǎn.

3）前边[儿]是车站，后边[儿]是学校。　Qiánbian[r] shì chēzhàn, hòubian[r] shì xuéxiào.

4）你来里边[儿]，我去外边[儿]。　Nǐ lái lǐbian[r], wǒ qù wàibian[r].

【方位詞一覧】

単純方位詞　接尾辞	shàng	xià	qián	hòu	zuǒ	yòu	lǐ	wài	páng
	上	下	前	后	左	右	里	外	旁
面　mian	上面	下面	前面	后面	左面	右面	里面	外面	
边[儿]　bian[r]	上边	下边	前边	后边	左边	右边	里边	外边	旁边

※接尾辞の"面"と"边"は基本的に軽声、"旁边"の"边"だけは第一声。
　接尾辞には他に"头 tou"もあります（辞書等参照）。

3　介詞"在"②（cf. 第六課文法1）

cf. 我在图书馆。　　　　　　　　Wǒ zài túshūguǎn.

1）我在图书馆学习。　　　　　　　Wǒ zài túshūguǎn xuéxí.

2）我不在图书馆学习。　　　　　　Wǒ bú zài túshūguǎn xuéxí.

3）你在家里学习汉语吗？　　　　　Nǐ zài jiāli xuéxí Hànyǔ ma?

4）你在电车上学习不学习？　　　　Nǐ zài diànchē shang xuéxí bu xuéxí?

4　動態助詞"了"①

1）你做了什么坏事儿？　　　　　　Nǐ zuòle shénme huài shìr?

　　我吃了妹妹的蛋糕。　　　　　　　Wǒ chīle mèimei de dàngāo.

　　我吃了两个巧克力。　　　　　　　Wǒ chīle liǎng ge qiǎokèlì.

44

2）你喝了那杯可乐没有？ 　　Nǐ hēle nà bēi Kělè méiyǒu?

　　我没[有]喝。 　　　　　　　　Wǒ méi[yǒu] hē.

3）我吃了蛋糕，没[有]喝可乐。 　Wǒ chīle dàngāo, méi[yǒu] hē Kělè.

---

5 兼語文（一）使役① "让"

1）我妈妈让爸爸做家务。 　　　Wǒ māma ràng bàba zuò jiāwù.

2）我爸爸不让妈妈做饭。 　　　Wǒ bàba bú ràng māma zuò fàn.

<table>
<tr><td colspan="2" align="center">第七课 　　　ドリル</td></tr>
</table>

❶ 次の語句を並べ替えて、日本語に相当する中国語を作りなさい。

1）汉语 / 在 / 学习 / 图书馆 / 我
　私は図書館で中国語を勉強する。

_____

2）觉得 / 这本小说 / 没意思 / 我
　私はこの小説は面白くないと思う。

_____

3）喝 / 饮料 / 你 / 什么 / 了
　あなたはどんな飲み物を飲んだの？

_____

4）不 / 爸爸 / 让 / 洗衣服 / 妈妈
　母は父に洗濯をさせない。

_____

❷ 次の日本語を中国語に訳しなさい。

1）学校の後ろは公園だ。

_____

2）私は昨日ケーキを二つ食べた。

_____

3）父は私に父の部屋を掃除させる。

_____

4）母は私に家でテレビを見させない。

_____

●謎底：大

8 第八课 Dì bā kè　偷吃东西　盗み食い Tōu chī dōngxi

[会話A] CD107

和尚： 你 为 什么 觉得 放 马 没 意思？
Nǐ wèi shénme juéde fàng mǎ méi yìsi?

悟空： 因为 我 不 会 拍 马屁。
Yīnwèi wǒ bú huì pāi mǎpì.

和尚： 那， 你 会 做 什么？
Nà, nǐ huì zuò shénme?

悟空： 我 会 喝 酒。 我 的 酒量 很 厉害！
Wǒ huì hē jiǔ. Wǒ de jiǔliàng hěn lìhai!

和尚： 你 别 胡说。 能 不 能 老实 一点儿？
Nǐ bié húshuō. Néng bu néng lǎoshi yìdiǎnr?

[会話B] CD108

和尚： 快 坦白 你 干 的 坏 事儿！
Kuài tǎnbái nǐ gàn de huài shìr!

悟空： 我 在 蟠桃园 有点儿 饿 了， 偷 吃了 一点儿 东西。
Wǒ zài pántáoyuán yǒudiǎnr è le, tōu chīle yìdiǎnr dōngxi.

和尚： 你 偷 吃了 什么？
Nǐ tōu chīle shénme?

悟空： 蟠桃园 里 有 很 多 好吃 的。 我 吃了
Pántáoyuán li yǒu hěn duō hǎochī de. Wǒ chīle

桃子， 还 喝了 三 杯 酒。
táozi, hái hēle sān bēi jiǔ.

注

蟠桃园：蟠桃園。西王母の庭園。西王母は崑崙山に住む女仙人。孫悟空は蟠桃園の仙桃を食べて不老不死となった。

46

因为	yīnwèi	なぜなら	老实	lǎoshi	まじめ、おとなしい
会①	huì	できる	[一]点儿	[yì]diǎnr	少し
拍马屁	pāi mǎpì	おべっかを言う	快	kuài	速い、はやく
那②	nà	それなら	坦白	tǎnbái	白状する
酒	jiǔ	酒	干	gàn	する、やる
酒量	jiǔliàng	酒量	有点儿	yǒudiǎnr	少し
厉害	lìhai	すごい	饿	è	ひもじい、お腹がへる
别	bié	…するな（禁止）	了②	le	（文法参照）
胡说	húshuō	でたらめを言う	偷	tōu	盗む
能	néng	できる	有②	yǒu	…がいる、…がある

游泳	yóu//yǒng	水泳をする	大学生	dàxuéshēng	大学生
游	yóu	泳ぐ	暖和	nuǎnhuo	暖かい
分钟	fēnzhōng	…分間	最	zuì	最も
米	mǐ	メートル	有意思	yǒu yìsi	おもしろい
菜	cài	料理	狗	gǒu	犬
小时	xiǎoshí	…時間	件	jiàn	（量詞）
半个小时	bàn ge xiǎoshí	半時間	首	shǒu	（量詞）
包	bāo	包む	歌	gē	歌
饺子	jiǎozi	餃子	张	zhāng	（量詞）
可以	kěyǐ	できる	票	piào	チケット
抽烟	chōu//yān	タバコを吸う	把	bǎ	（量詞）
教室	jiàoshì	教室	椅子	yǐzi	イス
聊天儿	liáo//tiānr	雑談をする	雨伞	yǔsǎn	雨傘
饱	bǎo	満腹である	礼物	lǐwù	プレゼント
累	lèi	疲れる	双	shuāng	（量詞）
醉	zuì	酔う	鞋	xié	靴
多少	duōshao	どのくらい	筷子	kuàizi	箸
舒服	shūfu	気分がよい、体調がよい	辆	liàng	（量詞）
不行	bùxíng	だめである			

CD111-113

1

A 你 会 <u>游泳</u> 吗？
Nǐ huì yóu yǒng ma?

B 我 不 会。 你 会 吗？
Wǒ bú huì. Nǐ huì ma?

A 我 会。 我 一 分钟 能 <u>游</u> <u>50</u> <u>米</u>。
Wǒ huì. Wǒ yì fēnzhōng néng yóu wǔshí mǐ.

1）做 菜 半 个 小时
zuò cài bàn ge xiǎoshí

做 两 个 菜
zuò liǎng ge cài

2）包 饺子 一 个 小时
bāo jiǎozi yí ge xiǎoshí

包 100 个 饺子
bāo yìbǎi ge jiǎozi

2

A <u>房间</u> 里 可以 （/能） <u>抽 烟</u> 吗？
Fángjiān li kěyǐ (/néng) chōu yān ma?

B 不 能 （/可以）。
Bù néng (/kěyǐ).

A 哪儿 可以？
Nǎr kěyǐ?

B 外面 可以。
Wàimian kěyǐ.

1）教室 吃 东西
jiàoshì chī dōngxi

2）图书馆 聊天儿
túshūguǎn liáotiānr

3

A 你 <u>饱</u> 了 吗？
Nǐ bǎo le ma?

B 我 <u>饱</u> 了。
Wǒ bǎo le.

A 你 还 <u>吃</u> 吗？
Nǐ hái chī ma?

B 我 不 <u>吃</u> 了。
Wǒ bù chī le.

1）累 看
lèi kàn

2）醉 喝
zuì hē

48

第八课　リスニング練習

CD114-116

1 単語の発音を聞いて拼音の韻母部分（声調も）を補い、簡体字で書きなさい。

1）y___w___　　2）l___h___　　3）x___sh___　　4）l___t___

簡　_____　　_____　　_____　　_____

2 中国語を聞き、空欄に入る語を簡体字で書きなさい。

1）我 不（　　　）包饺子。

2）我（　　　　　）50米。

3）教室里（　　　　　）吃东西。

4）外面（　　　　　）抽烟吗？

3 中国語の質問を聞き、答えとして正しいものを選びなさい。

1）
　①我不会做。　②我吃中国菜。　③我不会做日本菜。　④我不能喝酒。

2）
　①我们的教室可以吃东西。　　②教室里可以聊天儿。

　③教室里不能抽烟。　　　　　④他们在教室里抽烟。

3）
　①我不抽烟。　　②我吃了两个桃子。

　③我喝了三杯酒。　④我在学校里没有干坏事儿。

水边一只鸡。

（水辺に一羽のニ
ワトリ）

1 助動詞 "会"・"能"・"可以"

1） 你会游泳吗？　　　我会。　　　Nǐ huì yóu yǒng ma?　　　Wǒ huì.

2） 你会不会说法语？　我不会。　Nǐ huì bu huì shuō Fǎyǔ?　Wǒ bú huì.

3） 你一个小时能游多少米？　Nǐ yí ge xiǎoshí néng yóu duōshao mǐ?
　　　我能游一千米。　　　　　　Wǒ néng yóu yìqiān mǐ.

4） 我今天不舒服，不能游泳。　Wǒ jīntiān bù shūfu, bù néng yóu yǒng.

5） 你明天能不能来？　　　Nǐ míngtiān néng bu néng lái?
　　　能（／可以）来。／ 不能来。　Néng (/Kěyǐ) lái./ Bù néng lái.

6） 这里可以抽烟吗？　　　Zhèli kěyǐ chōu yān ma?
　　　可以。／ 不能。／ 不行。　Kěyǐ. / Bù néng. / Bùxíng.

2 語気助詞 "了"② （cf. 第七課文法 4）

1） 她今年十八岁了。　　　Tā jīnnián shíbā suì le.

2） 她是大学生了。　　　Tā shì dàxuéshēng le.

3） 她喜欢我朋友了。　　　Tā xǐhuan wǒ péngyou le.

4） 她不喜欢我了。　　　Tā bù xǐhuan wǒ le.

3 "[一]点儿"・"有点儿"

1） 我买了[一]点儿水果。　　　Wǒ mǎile [yì]diǎnr shuǐguǒ.

2） 昨天很冷，今天暖和了一点儿。　Zuótiān hěn lěng, jīntiān nuǎnhuo le yìdiǎnr.

3） 我有点儿累了。　　　Wǒ yǒudiǎnr lèi le.

4 名詞＋動詞＋"的"①＋名詞

1） 你做的菜最好吃。　　　Nǐ zuò de cài zuì hǎochī.

2） 我昨天看的电影很有意思。　Wǒ zuótiān kàn de diànyǐng hěn yǒu yìsi.

5 存在動詞 "有"② （cf. 第六課文法 1）

1） 这儿有一条狗。　　　Zhèr yǒu yì tiáo gǒu.

2） 那儿有没有猴子？　　　Nàr yǒu méiyǒu hóuzi?

3） 桌子上有几件衣服？　　　Zhuōzi shang yǒu jǐ jiàn yīfu?

4） 你家里有多少书？　　　Nǐ jiāli yǒu duōshao shū?

【常用量詞】（二）

量詞		名詞（例）	量詞		名詞（例）
首	shǒu	歌 gē	件	jiàn	礼物 lǐwù、衣服 yīfu
张	zhāng	桌子 zhuōzi、票 piào	双	shuāng	鞋 xié、筷子 kuàizi
把	bǎ	椅子 yǐzi、雨伞 yǔsǎn	辆	liàng	汽车 qìchē、自行车 zìxíngchē

第八课　　ドリル

❶ 次の語句を並べ替えて、日本語に相当する中国語を作りなさい。

1）里／几／公园／狗／有／条
　　公園に犬が何匹いますか。
　　_____

2）我／了／今年／二十岁
　　私は今年二十歳になった。
　　_____

3）会／你／不／饺子／包／会
　　あなたは餃子を作れますか？
　　_____

4）抽／能／这里／不／烟
　　ここは禁煙です。
　　_____

❷ 次の日本語を中国語に訳しなさい。

1）彼は少し酔っ払いました。
　　_____

2）私が昨日読んだ本は面白かった。
　　_____

3）あなたは一時間で何メートル泳げますか？
　　_____

4）弟が妹のケーキを少し食べてしまった。
　　_____

●謎底：酒

[会話A] CD122

和尚： 蟠桃园 的 大门 没 锁 吗？
Pántáoyuán de dàmén méi suǒ ma?

悟空： 没 锁，门 开着 呢，所以 谁 都 可以 自由 出入。
Méi suǒ, mén kāizhe ne, suǒyǐ shéi dōu kěyǐ zìyóu chūrù.

和尚： 你 偷 吃 桃子 的 时候，负责人 在 干 什么？
Nǐ tōu chī táozi de shíhou, fùzérén zài gàn shénme?

悟空： 他 没 来 工作，在 家 喝着 茶 看 报纸 呢。
Tā méi lái gōngzuò, zài jiā hēzhe chá kàn bàozhǐ ne.

[会話B] CD123

和尚： 那，其他 的 工作 人员 呢？
Nà, qítā de gōngzuò rényuán ne?

悟空： 他们 都 在 睡觉 呢。
Tāmen dōu zài shuì jiào ne.

和尚： 他们 对 工作 这么 不 认真 呀。
Tāmen duì gōngzuò zhème bú rènzhēn ya.

悟空： 我 真 应该 给 王母 打 个 举报 电话。
Wǒ zhēn yīnggāi gěi Wángmǔ dǎ ge jǔbào diànhuà.

和尚： 你 更 应该 反省 自己 的 行为！
Nǐ gèng yīnggāi fǎnxǐng zìjǐ de xíngwéi!

注
王母：西王母。

大门	dàmén	正門		睡觉	shuì//jiào	眠る
锁	suǒ	カギをかける（カギがかかる）		对①	duì	…に対して
门	mén	ドア		这么	zhème	こんなに
开	kāi	開く、開く、つける		认真	rènzhēn	真面目である
着	zhe	（文法参照）		呀	ya	（語気助詞）
呢①②	ne	（文法参照）		真	zhēn	真に、ほんとうに
所以	suǒyǐ	だから、故に		应该	yīnggāi	…すべきだ
自由	zìyóu	自由、自由に		给①	gěi	…に（文法参照）
出入	chūrù	出入りする		打	dǎ	（電話を）かける
时候	shíhou	とき、時刻		举报	jǔbào	告発（する）
负责人	fùzérén	責任者		电话	diànhuà	電話
在③	zài	（文法参照）		更	gèng	さらに、もっと
工作②	gōngzuò	働く		反省	fǎnxǐng	反省する
其他	qítā	その他		自己①	zìjǐ	自己
人员	rényuán	人員		行为	xíngwéi	行為
（工作人员）		（職員）				

写	xiě	する、書く		冰激凌	bīngjīlíng	アイスクリーム
作业	zuòyè	宿題		正	zhèng	（文法参照）
信②	xìn	手紙		休息	xiūxi	休む
吃饭	chī//fàn	食事をする		上班	shàng//bān	出勤する
发	fā	（メール）を出す		开车	kāi//chē	車を運転する
电子邮件	diànzǐ yóujiàn	電子メール		下班	xià//bān	退勤する
窗户	chuānghu	窓		猪肉	zhūròu	豚肉
关	guān	閉める、消す		牛肉	niúròu	牛肉
灯	dēng	灯		回信	huí//xìn	返事を出す、返信
空调	kōngtiáo	エアコン		男朋友	nánpéngyou	ボーイフレンド
汉堡包	hànbǎobāo	ハンバーガー		热情	rèqíng	親切である
对②	duì	そうである、正しい		一直②	yìzhí	ずっと
站	zhàn	立つ		乱	luàn	むやみに
坐	zuò	座る、乗る		扔	rēng	投げる、捨てる
热狗	règǒu	ホットドッグ		男人	nánrén	男

CD126-128

1

A 你 在 干 什么 ？
　 Nǐ zài gàn shénme?

B 我 在 <u>打扫　房间</u> 。
　 Wǒ zài dǎsǎo fángjiān.

A 你 姐姐 也 在 <u>打扫　房间</u> 吗 ？
　 Nǐ jiějie yě zài dǎsǎo fángjiān ma?

B 她 没 在 <u>打扫　房间</u> 。
　 Tā méi zài dǎsǎo fángjiān.

　 她 在 给 朋友 <u>打　电话</u> 呢 。
　 Tā zài gěi péngyou dǎ diànhuà ne.

1) 写 作业 写 信
　 xiě zuòyè xiě xìn

2) 吃 饭 发 电子 邮件
　 chī fàn fā diànzǐ yóujiàn

2

A <u>门</u> 开着 呢 吗 ？
　 Mén kāizhe ne ma?

B <u>门</u> 开着 呢 。
　 Mén kāizhe ne.

A <u>窗户</u> 呢 ？
　 Chuānghu ne?

B <u>窗户</u> 没 开着， 关着 呢 。
　 Chuānghu méi kāizhe, guānzhe ne.

1) 灯 电视
　 dēng diànshì

2) 电脑 空调
　 diànnǎo kōngtiáo

3

A 你们 也 都 吃 <u>汉堡包</u> 吗 ？
　 Nǐmen yě dōu chī hànbǎobāo ma?

B 对， 我们 也 都 吃 <u>汉堡包</u> 。
　 Duì, wǒmen yě dōu chī hànbǎobāo.

A 你们 都 站着 吃 吗 ？
　 Nǐmen dōu zhànzhe chī ma?

B 不， 他 站着 吃， 我 坐着 吃 。
　 Bù, tā zhànzhe chī, wǒ zuòzhe chī.

1) 热狗
　 règǒu

2) 冰激凌
　 bīngjīlíng

第九课　リスニング練習

CD129-131

1 単語の発音を聞いて拼音の韻母部分（声調も）を補い、簡体字で書きなさい。

1）z____y____　2）r____zh____　3）y____j____　4）r____g____

簡 _____　_____　_____　_____

2 中国語を聞き、空欄に入る語を簡体字で書きなさい。

1）你（　　　）干什么？

2）教室的门（　　　）锁，（　　　　　）呢。

3）姐姐在（　　　）朋友（　　　　　）。

4）他们（　　　）在（　　　　　）呢。

3 中国語の質問を聞き、答えとして正しいものを選びなさい。

1）
①我在写作业。　②我没给他打电话。　③我明天写信。　④我在东京工作。

2）
①教室的门开着呢。　②教室的窗户没开，关着呢。

③教室的空调开着呢。　④教室的灯开着呢。

3）
①我也喝咖啡。　②我没喝咖啡。　③我也喝红茶。　④我不喝红茶。

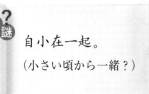

字谜？
自小在一起。
（小さい頃から一緒？）

CD132-137

1 "在" ③＋動詞［…"呢" ①］（cf. 第六課文法1 & 第七課文法3)

1）他在干什么？　　　　　　　　Tā zài gàn shénme?
　　他在看电视。　　　　　　　　　Tā zài kàn diànshì.

2）你在看电视吗？　　　　　　　Nǐ zài kàn diànshì ma?
　　我没在看电视，　　　　　　　　Wǒ méi zài kàn diànshì,
　　　　我［正］在看书呢。　　　　　wǒ [zhèng] zài kàn shū ne.

2 動詞＋動態助詞 "着"［…"呢" ①］

1）空调开着呢。　　　　　　　　Kōngtiáo kāizhe ne.
2）门开着呢吗？　　　　　　　　Mén kāizhe ne ma?
3）门没［有］开着。　　　　　　Mén méi[yǒu] kāizhe.
4）窗户开着没有？　　　　　　Chuānghu kāizhe méiyǒu?
5）我在打着电话呢。　　　　　Wǒ zài dǎzhe diànhuà ne.

3 連動文

1）我去工作，他来休息。　　　Wǒ qù gōngzuò, tā lái xiūxi.
2）她今天不去上班。　　　　　Tā jīntiān bú qù shàng bān.
3）她也去你家玩儿吗？　　　　Tā yě qù nǐ jiā wánr ma?
4）你来不来我家吃饭？　　　　Nǐ lái bu lái wǒ jiā chī fàn?
5）我开车上、下班。　　　　　Wǒ kāi chē shàng, xià bān.
6）他打着手机开车。　　　　　Tā dǎzhe shǒujī kāichē.

4 提示疑問文 "呢" ②

1）门开着，窗户呢？　　　　　Mén kāizhe, chuānghu ne?
2）她不喜欢吃猪肉，牛肉呢？　Tā bù xǐhuan chī zhūròu, niúròu ne?

5 介詞 "给" ① · "对" ①

1）我给她打电话。　　　　　　Wǒ gěi tā dǎ diànhuà.
2）她不给我打电话。　　　　　Tā bù gěi wǒ dǎ diànhuà.
3）她没［有］给我回信。　　　Tā méi[yǒu] gěi wǒ huí xìn.
4）她在给男朋友写回信。　　　Tā zài gěi nánpéngyou xiě huí xìn.
5）我对她很热情。　　　　　　Wǒ duì tā hěn rèqíng.

6）她一直对我不热情。　　　　　　　　Tā yìzhí duì wǒ bú rèqíng.

6 助動詞 "应该"

1）你应该打扫房间。　　　　　　　　　Nǐ yīnggāi dǎsǎo fángjiān.

2）你不应该乱扔东西。　　　　　　　　Nǐ bù yīnggāi luàn rēng dōngxi.

3）我也应该洗衣服吗？　　　　　　　　Wǒ yě yīnggāi xǐ yīfu ma?

4）男人应该不应该做家务？　　　　　　Nánrén yīnggāi bu yīnggāi zuò jiāwù?

第九课　　　　ドリル

❶ 次の語句を並べ替えて、日本語に相当する中国語を作りなさい。

1）朋友 ／ 打 ／ 给 ／ 电话 ／ 妈妈 ／ 在
　　お母さんは友達に電話をしている。

　　_____

2）很 ／ 朋友 ／ 中国人 ／ 热情 ／ 对
　　中国人は友達に親切だ。

　　_____

3）开 ／ 车 ／ 手机 ／ 着 ／ 打 ／ 他
　　彼はケータイをかけながら車を運転する。

　　_____

4）在 ／ 教室 ／ 学生们 ／ 吗 ／ 打扫
　　学生たちは教室を掃除していますか？

　　_____

❷ 次の日本語を中国語に訳しなさい。

1）私も彼の家に遊びに行く。

　　_____

2）彼は彼女に電話をかけているところだ。

　　_____

3）エアコンはかかっていない。

　　_____

4）君は彼女に電話をかけるべきだ。

　　_____

●謎底：省

10 第十课
Dì shí kè

请 您 用餐 ご馳走しましょう
Qǐng nín yòngcān

[会話A] CD138

悟空: 您 打算 几 点 吃 饭？
　　　Nín dǎsuan jǐ diǎn chī fàn?

和尚: 我 打算 十二 点 半 吃 饭。
　　　Wǒ dǎsuan shí'èr diǎn bàn chī fàn.

悟空: 您 想 吃 什么？
　　　Nín xiǎng chī shénme?

和尚: 除了 鱼 和 肉 以外， 吃 什么 都 可以。
　　　Chúle yú hé ròu yǐwài, chī shénme dōu kěyǐ.

[会話B] CD139

悟空: 我 请 您 吃 龙虾 和 凤爪， 怎么样？
　　　Wǒ qǐng nín chī lóngxiā hé fèngzhuǎ, zěnmeyàng?

和尚: 不行！ 我 这些 东西 也 不 能 吃。
　　　Bùxíng! Wǒ zhèxiē dōngxi yě bù néng chī.

悟空: 真 麻烦。 您 要 喝 茶， 还是 喝 水？
　　　Zhēn máfan. Nín yào hē chá, háishi hē shuǐ?

和尚: 给 我 一 杯 水， 谢谢！
　　　Gěi wǒ yì bēi shuǐ, xièxie!

新出単語

打算	dǎsuan	…するつもりだ		请	qǐng	…してもらう、お願いする
点[钟]	diǎn[zhōng]	…時		龙虾	lóngxiā	イセエビ
几点	jǐ diǎn	何時		凤爪	fèngzhuǎ	鶏のアシ（足首から下）
半	bàn	半、半分		这些	zhèxiē	これらの
想	xiǎng	…したい		麻烦	máfan	面倒くさい
除了	chúle	…を除いて		要②	yào	…したい
鱼	yú	魚				…しなければならない
肉	ròu	肉		还是	háishi	それとも
以外	yǐwài	以外		给②	gěi	与える、くれる

補充単語

现在	xiànzài	今、現在		上午	shàngwǔ	午前
回家	huí//jiā	家に帰る		中午	zhōngwǔ	お昼
一刻	yíkè	15分		下午	xiàwǔ	午後
午饭	wǔfàn	昼食		晚上	wǎnshang	夜
三刻	sānkè	45分		差①	chà	足りない
起床	qǐ//chuáng	起床する		分①	fēn	分
面条	miàntiáo	麺類		每天	měitiān	毎日
吧②	ba	…しよう		两点	liǎng diǎn	2時
		（提案の語気助詞）		米饭	mǐfàn	米のご飯
教	jiāo	教える		努力	nǔlì	努力（する）
李	Lǐ	李（姓）		什么时候	shénme shíhou	いつ
告诉	gàosu	告げる、知らせる		俄语	Éyǔ	ロシア語
价格	jiàgé	価格		带	dài	引率する
店员	diànyuán	店員		故宫	Gù Gōng	故宮
北京	Běijīng	北京		火车	huǒchē	列車、汽車
上海	Shànghǎi	上海		飞机	fēijī	飛行機
机票	jīpiào	航空券		送	sòng	送る、贈る
钱①	qián	お金		地址	dìzhǐ	住所
早上	zǎoshang	朝				

第十課　置き換え練習

1

A　现在 几 点 了？
　　Xiànzài jǐ diǎn le?

B　现在 两 点 半 了。
　　Xiànzài liǎng diǎn bàn le.

A　你 几 点 回家？
　　Nǐ jǐ diǎn huí jiā?

B　我 5 点 回家。
　　Wǒ wǔ diǎn huí jiā.

1）12:15　吃 午饭　两
　　shí'èr diǎn yíkè chī wǔfàn liǎng

2）5:45　　起床　7
　　wǔdiǎn sānkè qǐ chuáng qī

3）10:55　　睡觉　12
　　chà wǔ fēn shíyī diǎn shuì jiào shí'èr

2

A　你 想 吃 什么？
　　Nǐ xiǎng chī shénme?

B　我 想 吃 面条。 你 呢？
　　Wǒ xiǎng chī miàntiáo. Nǐ ne?

A　我 不 想 吃 面条。 我 想 吃 饺子。
　　Wǒ bù xiǎng chī miàntiáo. Wǒ xiǎng chī jiǎozi.

B　我 请 你 吃 吧。
　　Wǒ qǐng nǐ chī ba.

1）喝 茶
　　hē chá

　　喝 可乐
　　hē Kělè

2）买 衣服
　　mǎi yīfu

　　看 电影
　　kàn diànyǐng

3

A　他们 学 汉语，还是 学 英语？
　　Tāmen xué Hànyǔ, háishi xué Yīngyǔ?

B　他们 学 汉语。
　　Tāmen xué Hànyǔ.

A　谁 教 他们 汉语？
　　Shéi jiāo tāmen Hànyǔ?

B　李 老师 教 他们 汉语。
　　Lǐ lǎoshī jiāo tāmen Hànyǔ.

1）买 汉语 词典
　　mǎi Hànyǔ cídiǎn

　　买 英语 词典
　　mǎi Yīngyǔ cídiǎn

　　告诉 词典 的 价格
　　gàosu cídiǎn de jiàgé

　　店员
　　diànyuán

2）去 北京 去 上海
　　qù Běijīng qù Shànghǎi

　　给 机票 钱 爷爷
　　gěi jīpiào qián yéye

第十課　リスニング練習

CD145-147

❶ 単語の発音を聞いて拼音の韻母部分（声調も）を補い、簡体字で書きなさい。

1）d ___ s ___　　2）m ___ f ___　　3）m ___ t ___　　4）j ___ g ___

簡 _____　_____　_____　_____

❷ 中国語を聞き、空欄に入る語を簡体字で書きなさい。

1）现在（　　　　　）了？

2）你（　　　　　）什么？

3）我（　　　　　　　）起床。

4）你（　　　）买东西，（　　　　　）看电影？

❸ 中国語の質問を聞き、答えとして正しいものを選びなさい。

1）
　①我没吃午饭。　②我两点回家。　③我在食堂吃午饭。　④我十二点吃午饭。

2）
　①她喝茶。　②我喝咖啡。　③她不喝咖啡。　④我也喝水。

3）
　①我想吃饺子。　②我不想去那儿。　③我也想吃蛋糕。　④我想去北京。

【一日の区分】

早上	zǎoshang	朝
上午	shàngwǔ	午前
中午	zhōngwǔ	お昼
下午	xiàwǔ	午後
晚上	wǎnshang	夜

 一口咬断牛尾巴。

（一口で牛の尻尾を
かみ切る）

1　時刻の表現

1）现在几点几分？　　　　　Xiànzài jǐ diǎn jǐ fēn?

2）现在差五分四点。　　　　Xiànzài chà wǔ fēn sì diǎn.

3）你每天几点起床？　　　　Nǐ měitiān jǐ diǎn qǐ chuáng?

4）我每天两点睡觉。　　　　Wǒ měitiān liǎng diǎn shuì jiào.

【時刻】

12:00	十二点[钟]	shí'èr diǎn [zhōng]
2:02	两点零二分	liǎng diǎn líng èr fēn
9:15	九点一刻（／九点十五分）	jiǔ diǎn yíkè (/jiǔ diǎn shíwǔ fēn)
8:30	八点半（／八点三十分）	bā diǎn bàn (/bā diǎn sānshí fēn)
6:55	差五分七点（／六点五十五分）	chà wǔ fēn qī diǎn (/liù diǎn wǔshiwǔ fēn)
4:45	四点三刻	sì diǎn sānkè

2　助動詞"想"・"要"②・"打算"

1）我想吃米饭。　　　　　　Wǒ xiǎng chī mǐfàn.

2）你想不想吃饺子？　　　　Nǐ xiǎng bu xiǎng chī jiǎozi?

3）我要喝一杯茶。　　　　　Wǒ yào hē yì bēi chá.

　　我要买一双鞋。　　　　　Wǒ yào mǎi yì shuāng xié.

　　我们要努力学习。　　　　Wǒmen yào nǔlì xuéxí.

4）你打算什么时候回家？　　Nǐ dǎsuan shénme shíhou huíjiā?

　　我打算晚上九点回家。　　　　Wǒ dǎsuan wǎnshang jiǔ diǎn huíjiā.

3　"除了…以外，～都/还…"

1）除了我以外，他们都学俄语。　　Chúle wǒ yǐwài, tāmen dōu xué Éyǔ.

2）我除了学习汉语以外，还学习俄语。　Wǒ chúle xuéxí Hànyǔ yǐwài, hái xuéxí Éyǔ.

4　兼語文（二）

1）我请你喝咖啡。　　　　　Wǒ qǐng nǐ hē kāfēi.

2）他带我们去故宫了。　　　Tā dài wǒmen qù Gù Gōng le.

5　選択疑問文

1）你是日本人，还是中国人？　　Nǐ shì Rìběnrén, háishi Zhōngguórén?

2）你们坐火车去，还是坐飞机去？　Nǐmen zuò huǒchē qù, háishi zuò fēijī qù?

6 二重目的語

1）我教你汉语。　　　　　　　　　　　Wǒ jiāo nǐ Hànyǔ.

2）你给我什么？　　　　　　　　　　　Nǐ gěi wǒ shénme?

3）他送我一件礼物。　　　　　　　　　Tā sòng wǒ yí jiàn lǐwù.

4）我不想告诉他我的地址。　　　　　　Wǒ bù xiǎng gàosu tā wǒ de dìzhǐ.

第十课　　　　　ドリル

1 次の語句を並べ替えて、日本語に相当する中国語を作りなさい。ただし、使わない語が一つあるので、注意すること。

1）吃／想／饺子／你／不想／没有
　あなたは餃子を食べたいですか？

　_____

2）去／什么／你／学校／时候／打算／吗
　君はいつ学校に行くつもりですか？

　_____

3）点／了／多少／儿／现在
　今何時になりましたか。

　_____

4）差／现在／有／十二点／两分
　今12時2分前です。

　_____

2 次の日本語を中国語に訳しなさい。

1）私はあなたに昼食をごちそうします。

　_____

2）あなたは英語を学びますか、
　それともロシア語を学びますか？

　_____

3）私はお酒以外、何を飲んでもいい。

　_____

4）彼女は私に彼女の住所を教えない。

　_____

●謎底：告

11 第十一课
Dì shíyī kè

你去过吗？ 行ったことがありますか？
Nǐ qùguo ma?

[会話A] CD154

和尚： 你 去过 哪些 地方？
Nǐ qùguo nǎxiē dìfang?

悟空： 我 去过 天界、 幽冥界， 还 去过 龙宫。
Wǒ qùguo tiānjiè、 yōumíngjiè, hái qùguo Lóng Gōng.

和尚： 你 是 怎么 去 的 龙宫？ 你 是 骑 乌龟 去 的 吗？
Nǐ shì zěnme qù de Lóng Gōng? Nǐ shì qí wūguī qù de ma?

悟空： 我 不是 骑 乌龟 去 的。 我 能 自由 自在 地 下 海。
Wǒ bú shì qí wūguī qù de. Wǒ néng zìyóu zìzài de xià hǎi.

[会話B] CD155

悟空： 您 去过 龙宫 没有？
Nín qùguo Lóng Gōng méiyǒu?

和尚： 我 没有 去过。 但是 也 想 去 看看。
Wǒ méiyǒu qùguo. Dànshi yě xiǎng qù kànkan.

悟空： 咱们 一起 去 吧。 在 龙宫 吃吃， 玩儿玩儿， 怎么样？
Zánmen yìqǐ qù ba. Zài Lóng Gōng chīchī, wánrwánr, zěnmeyàng?

和尚： 你 只 知道 吃 和 玩儿。 你 有 心思 学习 吗？
Nǐ zhǐ zhīdao chī hé wánr. Nǐ yǒu xīnsī xuéxí ma?

悟空： 您 只 知道 管教 我。 真 讨厌！
Nín zhǐ zhīdao guǎnjiào wǒ. Zhēn tǎoyàn!

📝 **注**

天界：天界。中国では神仙の住む世界。
幽冥界：幽冥界。死者の行く世界。
龙宫：龍宮。東海龍王の宮殿。悟空の如意棒は龍王からもらったもの。
下海：海に入る。悟空が呪文を唱えると、水路が開かれて海底に達する。

新出単語　　　　　　　　　　　　CD156

过①	guo	（文法参照）	但[是]	dàn[shì]	しかし
哪些	nǎxiē	「どの」の複数形	一起	yì qǐ	いっしょに
地方	dìfang	場所	只	zhǐ	ただ～だけ
[是]…的②	[shì]...de	（文法参照）	知道	zhīdao	知っている、わかる
骑	qí	（またがって）乗る	心思	xīnsi	考え、やる気
乌龟	wūguī	カメ	管教	guǎnjiào	しつける
自在	zìzài	自在に	讨厌	tǎo//yàn	いやだ、きらう
地	de	（文法参照）			

補充単語　　　　　　　　　　　　CD157

爬	pá	（山に）登る	国家	guójiā	国家
富士山	Fùshì Shān	富士山	地铁	dìtiě	地下鉄
逛	guàng	ぶらぶらする	女朋友	nǚpéngyou	ガールフレンド
南京路	Nánjīng lù	南京路（地名）	有的	yǒude	ある（人／もの）
烤鸭	kǎoyā	ローストダック	懒散	lǎnsǎn	だらけている
北海道	Běihǎidào	北海道	生活	shēnghuó	生活する
暑假	shǔjià	夏休み	勤奋	qínfèn	勤勉
冲绳	Chōngshéng	沖縄	尝	cháng	味わう
寒假	hánjià	冬休み	帮忙	bāng//máng	手伝う
神户	Shénhù	神戸	散步	sàn//bù	散歩する
唱	chàng	歌う	帮助	bāngzhù	手伝う
韩国	Hánguó	韓国	时间	shíjiān	時間
京剧	jīngjù	京劇	找①	zhǎo	探す
恐怖	kǒngbù	恐怖			

CD158-160

1

A 你　去过　东京　吗？
　 Nǐ　qùguo　Dōngjīng　ma?

B 去过。
　 Qùguo.

A 你　爬过　富士山　吗？
　 Nǐ　páguo　Fùshì Shān　ma?

B 没　爬过。
　 Méi　páguo.

1) 上海　逛　南京路
　 Shànghǎi　guàng　Nánjīng lù

2) 北京　吃　北京　烤鸭
　 Běijīng　chī　Běijīng　kǎoyā

2

A 你　是　什么　时候　去　的　北海道？
　 Nǐ　shì　shénme　shíhou　qù　de　Běihǎidào?

B 我　是　暑假　去　的。
　 Wǒ　shì　shǔjià　qù　de.

A 你　是　怎么　去　的？
　 Nǐ　shì　zěnme　qù　de?

B 我　是　坐　火车　去　的。
　 Wǒ　shì　zuò　huǒchē　qù　de.

A 你　是　和　谁　一起　去　的？
　 Nǐ　shì　hé　shéi　yìqǐ　qù　de?

B 我　是　和　妈妈　一起　去　的。
　 Wǒ　shì　hé　māma　yìqǐ　qù　de.

1) 冲绳　寒假
　 Chōngshéng　hánjià

　 坐　飞机　男朋友
　 zuò　fēijī　nánpéngyou

2) 神户　上　个　星期
　 Shénhù　shàng　ge　xīngqī

　 开车　同学
　 kāi chē　tóngxué

3

A 我　有　一　个　朋友　喜欢　唱　韩国　歌。
　 Wǒ　yǒu　yí　ge　péngyou　xǐhuan　chàng　Hánguó　gē.

B 是　吗？我　也　很　喜欢　唱　韩国　歌。
　 Shì　ma?　Wǒ　yě　hěn　xǐhuan　chàng　Hánguó　gē.

1) 看　京剧
　 kàn　Jīngjù

2) 看　恐怖电影
　 kàn　kǒngbù diànyǐng

第十一课　リスニング練習

CD161-163

1 単語の発音を聞いて拼音の韻母部分（声調も）を補い、簡体字で書きなさい。

1） n　　x　　　　2） w　　g　　　　3） t　　x　　　　4） j　　j

簡 ＿＿＿＿＿＿＿＿＿＿　＿＿＿＿＿＿＿＿＿＿　＿＿＿＿＿＿＿＿＿＿

2 1）から 4）の中国語を聞き、それぞれの人がいつ、どこへ、どのように行ったのかを線で繋ぎなさい。

だれ	—	いつ	—	どこ	—	どうやって
爸爸		寒假		东京		开车
妈妈		8月13号		北京		骑自行车
哥哥		暑假		北海道		坐飞机
姐姐		上个星期天		大阪		坐火车

3 中国語の質問を聞き、答えとして最も適切なものを選びなさい。

1）
①我没去过中国。　②我喜欢吃中国菜。　③我也想去中国。　④我去过美国。

2）
①我是坐火车去的。　②我是暑假去的。

③我想和妈妈一起去。　④我是和朋友一起去的。

3）
①那不是电脑。　②这是王老师的词典。

③我不想看电视。　④我没看过这个电影。

 字謎　四方团结共一心。
（四方団結し心を一つにす。）

CD164-168

1　動態助詞"过"①

1) 你去过北京吗？　　　　　　　　　　Nǐ qùguo Běijīng ma?
　　我去过。　　　　　　　　　　　　　　Wǒ qùguo.

2) 你去过哪些国家？　　　　　　　　　Nǐ qùguo nǎxiē guójiā?

3) 你坐过北京的地铁没有？　　　　　　Nǐ zuòguo Běijīng de dìtiě méiyǒu?
　　我没坐过。　　　　　　　　　　　　　Wǒ méi zuòguo.

2　"[是]…的"②（cf. 第五課文法1）

1) 你[是]怎么去的上海？　　　　　　　Nǐ [shì] zěnme qù de Shànghǎi?
　　我[是]坐飞机去的。　　　　　　　　Wǒ [shì] zuò fēijī qù de.

2) 你[是]和谁一起去的？　　　　　　　Nǐ [shì] hé shéi yìqǐ qù de?
　　我[是]和女朋友一起去的。　　　　　Wǒ [shì] hé nǚpéngyou yìqǐ qù de.

3) 她[是]从北京来的吗？　　　　　　　Tā [shì] cóng Běijīng lái de ma?
　　她不是从北京来的。　　　　　　　　Tā bú shì cóng Běijīng lái de.

3　構造助詞"地"

1) 有的人懒散地生活。　　　　　　　　Yǒude rén lǎnsǎn de shēnghuó.

2) 有的人勤奋地工作。　　　　　　　　Yǒude rén qínfèn de gōngzuò.

4　動詞の重ね型

1) 请尝[一]尝这个菜。　　　　　　　　Qǐng cháng [yi] chang zhège cài.（※）

2) 我们休息休息吧。　　　　　　　　　Wǒmen xiūxi xiūxi ba.

3) 你也帮帮忙，好吗？　　　　　　　　Nǐ yě bāngbang máng, hǎo ma?

4) 咱们去散散步，怎么样？　　　　　　Zánmen qù sànsan bù, zěnmeyàng?

※動詞の間に「一」を入れたときは、後の動詞も本来の声調で発音します。

参考【離合詞】

	cf.	離合詞 ex.
	帮助（動詞＋動詞）	帮忙（動詞＋目的語）
目的語	我帮助你。	我帮你的忙。
重ね型	我帮助帮助你。	我帮帮你的忙。

（詳しくは辞書・文法書を参照）

5 "有"＋名詞＋動詞句

1） 我有一个朋友喜欢学外语。　　　Wǒ yǒu yí ge péngyou xǐhuan xué wàiyǔ.

2） 我没 [有] 时间学习汉语。　　　　Wǒ méi[yǒu] shíjiān xuéxí Hànyǔ.

3） 你有没有心思找工作？　　　　　Nǐ yǒu méiyǒu xīnsi zhǎo gōngzuò?

第十一课　　　　ドリル

❶ 次の語句を並べ替えて、日本語に相当する中国語を作りなさい。ただし、使わない語が一つあるので、注意すること。

1）是／在／的／汉语／了／北京／学／我
　　私は北京で中国語を学んだのです。

　　_____

2）京剧／过／没有／看／了／你
　　君は京劇を見たことがありますか？

　　_____

3）怎么样／逛／要／咱们／逛／一起／南京路
　　一緒に南京路をぶらぶらしませんか。

　　_____

4）汉语词典／没有／了／买／钱／我
　　私は中国語の辞書を買う金がない。

　　_____

❷ 次の日本語を中国語に訳しなさい。

1）君は誰と一緒に上海に行ったのか？

　　_____

2）私は飛行機に乗ったことがない。

　　_____

3）私はちょっと公園に散歩に行く。

　　_____

4）私の父は毎日勤勉に働く。

　　_____

●謎底：思

12 第十二课
Dì shí'èr kè

多少钱？ 値段はいくら？
Duōshao qián?

[会話A] CD169

悟空： 我 有 一 个 宝贝 叫 "如意 金箍棒"。
Wǒ yǒu yí ge bǎobèi jiào "Rúyì jīngūbàng".

和尚： 这个 东西 多少 钱？ 是 不 是 很 贵？
Zhège dōngxi duōshao qián? Shì bu shì hěn guì?

悟空： 这 是 龙王 送给 我 的。 他 一 分 钱
Zhè shì Lóng wáng sònggěi wǒ de. Tā yì fēn qián

也 不 要。
yě bú yào.

和尚： 他 对 你 怎么 这么 大方？
Tā duì nǐ zěnme zhème dàfang?

[会話B] CD170

悟空： 您 的 白马 是 多少 钱 买 的？
Nín de báimǎ shì duōshao qián mǎi de?

和尚： 大约 一万 块 钱。
Dàyuē yíwàn kuài qián.

悟空： 能 不 能 卖给 我？ 价钱 便宜 一点儿。
Néng bu néng màigěi wǒ? Jiàqian piányi yìdiǎnr.

和尚： 不行。 这 匹 马 不 卖。
Bùxíng. Zhè pǐ mǎ bú mài.

悟空： 您 太 小气 了…
Nín tài xiǎoqì le …

注

如意金箍棒：如意棒。悟空の使う武器。自在に伸縮する。

龙王：東海龍王。

新 出 単 語　CD171

宝贝	bǎobèi	宝物	白马	bái mǎ	白馬
多少钱	duōshao qián	（値段）いくら	大约	dàyuē	だいたい、約
给③	gěi	…に（文法参照）	块	kuài	元（貨幣単位）
分②	fēn	分（貨幣単位）	卖	mài	売る
钱②	qián	お金、貨幣	价钱	jiàqian	値段，価格
也②	yě	…さえも	匹	pǐ	（量詞）
怎么②	zěnme	どうして	太…了	tài…le	あまりに…だ
大方	dàfang	気前がいい	小气	xiǎoqì	ケチ

補 充 単 語　CD172

真丝	zhēnsī	シルク	手工	shǒugōng	手作り
戒指	jièzhi	指輪	找②	zhǎo	（釣り銭を）出す
钻石	zuànshí	ダイヤモンド	人民币	rénmínbì	人民幣、人民元
皮鞋	píxié	革靴	元	yuán	元（貨幣単位）
牛皮	niúpí	牛皮	角	jiǎo	0.1元（貨幣単位）
逃课	táo//kè	授業をサボる	毛	máo	0.1元（貨幣単位）
上课	shàng//kè	授業に出る	借	jiè	貸す、借りる
生病	shēng//bìng	病気をする	一定	yídìng	きっと、必ず
打工	dǎ//gōng	アルバイトをする	还②	huán	返す
感冒	gǎnmào	風邪（をひく）	迟到	chídào	遅刻する
旅游	lǚyóu	旅行	懒	lǎn	無精だ、ものぐさだ
有事儿	yǒu//shìr	用事がある	质量	zhìliàng	質、品質
手表	shǒubiǎo	腕時計	差②	chà	劣る、悪い

第十二課　置き換え練習

1

A 这 件 衣服 多少 钱？
Zhè jiàn yīfu duōshao qián?

B 800 块 钱。
Bābǎi kuài qián.

A 太 贵 了。 能 不 能 便宜 一点儿？
Tài guì le. Néng bu néng piányi yìdiǎnr?

B 这 是 真丝 的， 不 能 便宜。
Zhè shì zhēnsī de, bù néng piányi.

1）个　戒指
　ge　jièzhi

　5500　　钻石
　wǔqiān wǔbǎi　zuànshí

2）双　皮鞋
　shuāng　píxié

　1380　　牛皮
　yìqiān sānbǎi bāshí　niúpí

2

A 他 是 不 是 想 去 美国？
Tā shì bu shì xiǎng qù Měiguó?

B 对， 他 想 去 美国。
Duì, tā xiǎng qù Měiguó.

1）买　智能 手机
　mǎi　zhìnéng shǒujī

2）逃课
　táo kè

3）回家
　huí jiā

3

A 你 昨天 怎么 没 去 上 课？
Nǐ zuótiān zěnme méi qù shàng kè?

B 因为 我 生病 了。
Yīnwèi wǒ shēngbìng le.

1）打工　感冒 了
　dǎ gōng　gǎnmào le

2）旅游　有 事儿
　lǚyóu　yǒu shìr

CD176-178

1 単語の発音を聞いて拼音の韻母部分（声調も）を補い、簡体字で書きなさい。

1）b ____ b ____　　2）d ____ f ____　　3）sh ____ k ____　　4）sh ____ b ____

簡　_____　　　_____　　　_____　　　_____

2 1）から 4）の中国語を聞き、それぞれの品物と金額を線でつなぎなさい。

品物	線でつなぎましょう	値段（元）
1）这个手机		7,400
2）这个相机		3,900
3）这个电脑		6,800
4）这个手表		4,500

3 中国語の質問を聞き、答えとして正しいものを選びなさい。

1）
①我想买一双皮鞋。　②这双皮鞋是牛皮的。

③我有五双皮鞋。　④这双皮鞋 320 块。

2）
①对，他是上海人。　②对，我也吃过上海菜。

③对，他去上海了。　④对，我想暑假去。

3）
①这件衣服不便宜。　②这件衣服太漂亮了。

③这件衣服是真丝的。　④这件衣服不能便宜。

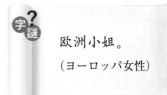

字谜？

欧洲小姐。

（ヨーロッパ女性）

1　買い物の表現

1）这个手表多少钱？　　　　　　　Zhège shǒubiǎo duōshao qián?
　　两千二百一十二块[钱]。　　　　　Liǎngqiān èrbǎi yīshi'èr kuài [qián].

2）能不能便宜一点儿？　　　　　　Néng bu néng piányi yìdiǎnr?
　　这是手工的，不能便宜。　　　　Zhè shì shǒugōng de, bù néng piányi.

3）给你两千二百二十块[钱]。　　　Gěi nǐ liǎngqiān èrbǎi èrshí kuài [qián].
　　找您八块[钱]。　　　　　　　　Zhǎo nín bā kuài [qián].

【中国通貨】

货币名称		单位（1 元 = 10 角 = 100 分）					
人民币 Rénmínbì	（書面語）	元	yuán	角	jiǎo	分	fēn
	（口語）	块	kuài	毛	máo	分	fēn

例）2.2 元　两块二[毛钱]
　　　　　liǎng kuài èr [máo qián]

2　"是不是"＋陳述句？

1）这件衣服是不是很贵？　　　　　Zhè jiàn yīfu shì bu shì hěn guì?

2）你想买，是不是（／是吗）？　　Nǐ xiǎng mǎi, shì bu shì (/shì ma)?

3　動詞＋"给"③（cf. 第九課文法 5）

1）这是我的宝贝，不能卖给你。　　Zhè shì wǒ de bǎobèi, bù néng màigěi nǐ.

2）你借给我的钱，明天一定还给你。　Nǐ jiègěi wǒ de qián, míngtiān yídìng huángěi nǐ.

4　副詞"也"②（cf. 第四課文法 5）

1）一分钱也不能便宜。　　　　　　Yì fēn qián yě bù néng piányi.

2）一分钟也不能迟到。　　　　　　Yì fēn zhōng yě bù néng chídào.

5　"怎么"②（cf. 第六課文法 2）

1）你昨天怎么没来？　　　　　　　Nǐ zuótiān zěnme méi lái?

2）你怎么这么懒？　　　　　　　　Nǐ zěnme zhème lǎn?

6 "太…了"

1) 价钱太贵了。　　　　　　　　　　Jiàqian tài guì le.

2) 质量太差了。　　　　　　　　　　Zhìliàng tài chà le.

第十二课　　　　　ドリル

❶ 次の語句を並べ替えて、日本語に相当する中国語を作りなさい。ただし、使わない語が一つあるので、注意すること。

1) 贵 / 这么 / 吗 / 价钱 / 怎么
　どうして値段がこんなに高いのか？

　_____

2) 便宜 / 有点儿 / 能 / 一点儿 / 不能
　少し安くできないか？

　_____

3) 钱 / 两 / 你 / 二 / 找 / 分 / 毛 / 块
　2元2角のお釣りです。

　_____

4) 买 / 是 / 吗 / 想 / 你 / 这个戒指 / 不是
　あなたはこの指輪を買いたいんじゃないの？

　_____

　_____

❷ 次の日本語を中国語に訳しなさい。

1) これは彼が私に贈ってくれたダイヤ
　モンドです。

　_____

2) この腕時計はいくらで買ったの？

　_____

3) 昨日はどうして授業に来なかったの？

　_____

4) 私は明日一分だって遅刻できない。

　_____

●謎底：要

13 第十三课 要下雨了 雨が降りそうだ
Dì shísān kè
Yào xiàyǔ le

[会話A] CD185

和尚： 天上 有 一 朵 怪 云，要 下 雨 了，你 有 伞 吗？
Tiānshang yǒu yì duǒ guài yún, yào xià yǔ le, nǐ yǒu sǎn ma?

悟空： 您 不 能 打 伞，因为 和尚 打 伞，无 法 无 天。
Nín bù néng dǎ sǎn, yīnwèi héshang dǎ sǎn, wú fǎ wú tiān.

和尚： 别 开 玩笑！那 朵 云 飞来 飞去，真 怪！
Bié kāi wánxiào! Nà duǒ yún fēilái fēiqù, zhēn guài!

悟空： 那 是 我 的 筋斗云，我 让 它 下来 吧。
Nà shì wǒ de jīndǒuyún, Wǒ ràng tā xiàlái ba.

[会話B] CD186

悟空： 筋斗云 很 快，您 看！
Jīndǒuyún hěn kuài, nín kàn!

和尚： 你 要 去 哪里？快 回来 吧！
Nǐ yào qù nǎli? Kuài huílái ba!

悟空： 我 一 飞 就 十 万 八千 里，不 能 中途 转 弯！
Wǒ yì fēi jiù shí wàn bāqiān lǐ, bù néng zhōngtú zhuǎn wān!

和尚： 没 关系，像 卫星 一样，绕 地球 飞 一
Méi guānxi, xiàng wèixīng yíyàng, rào dìqiú fēi yì

圈儿 回来 吧。
quānr huílái ba.

注

和尚打伞，无法无天。
「和尚が傘をさす」と掛けて何と解く？その心は「法もなく天（道）もなし」。
和尚（髪がない→髪 fà と法 fǎ が同音なので無法）が傘をさすと、傘でお天道さまも見えない（天道もない）。法も道理も無視しての乱暴狼藉の様を言う掛け言葉。
筋斗云：勈斗雲（きんとうん）。悟空はこの雲に乗って飛ぶことができる。

76

新 出 単 語

朵	duǒ	（量詞）	吧③	ba	…なさい	
怪	guài	変な、怪しい			（命令の語気助詞）	
云	yún	雲	一…就①	yī…jiù	…するとすぐ	
要③…了	yào…le	もうすぐ…だ	里②	lǐ	里（距離単位）	
下雨	xià yǔ	雨が降る	中途	zhōngtú	途中で	
伞	sǎn	傘	转弯	zhuǎn//wān	曲がる	
打伞	dǎ sǎn	傘をさす	像…一样	xiàng…yíyàng	…のように	
开玩笑	kāi wánxiào	冗談を言う	卫星	wèixīng	衛星	
飞	fēi	飛ぶ	绕	rào	回る、巡る	
来②	lái	（文法参照）	地球	dìqiú	地球	
去②	qù	（文法参照）	圈儿	quānr	周	
下②	xià	降りる、下がる	回	huí	帰る、戻る	

補 充 単 語

放（寒）假	fàng (hán) jià	（冬）休みになる	黑	hēi	黒い、暗い	
啊	a	（語気助詞）	天津	Tiānjīn	天津	
到②	dào	（ある時間・場所に）	刮风	guā fēng	風が吹く	
		到達する	下雪	xià xuě	雪が降る	
圣诞节	Shèngdànjié	クリスマス	打雷	dǎ//léi	雷が鳴る	
春假	chūnjià	春休み	停电	tíng//diàn	停電する	
认识	rènshi	（人を）知る	停	tíng	とまる、やむ	
进	jìn	入る	上②	shàng	上る	
外国人	wàiguórén	外国人	起	qǐ	起きる、起こる	
出	chū	出る	楼	lóu	建物の階	
小孩儿	xiǎoháir	子ども	拿	ná	（手に）持つ	
过②	guò	通る、渡る	课本	kèběn	教科書	
跑	pǎo	走る	下课	xià//kè	授業が終る	
念	niàn	（声にだして）読む	再①	zài	再び	
遍	biàn	…遍	天②	tiān	（時間量としての）日	
次	cì	…回				

CD189-191

1

A 要　放　寒假　了，我们　去　旅游　吧。
　Yào fàng hánjià　le, wǒmen qù lǚyóu　ba.

B 好　啊，我　想　去　冲绳。
　Hǎo a,　wǒ xiǎng qù Chōngshéng.

1）到　圣诞节　　北海道
　dào Shèngdànjié　Běihǎidào

2）放　暑假　　中国
　fàng shǔjià　Zhōngguó

3）放　春假　　法国
　fàng chūnjià　Fǎguó

2

A 你　看，教室　里　有　两　个　人。
　Nǐ kàn,　jiàoshì li yǒu liǎng ge rén.

B 你　认识　他们　吗？
　Nǐ rènshi tāmen ma?

A 不　认识，我们　进去　看看　吧。
　Bú rènshi,　wǒmen jìnqù kànkan ba.

1）外边儿　三　个　外国人
　wàibianr　sān ge wàiguórén

　出去
　chūqù

2）那边儿　五　个　小孩儿
　nàbianr　wǔ ge xiǎoháir

　过去
　guòqù

3

A 你们　跑了　几　圈儿　了？
　Nǐmen pǎole jǐ quānr le?

B 我们　跑了　两　圈儿　了。
　Wǒmen pǎole liǎng quānr le.

A 你们　还　打算　跑　几　圈儿？
　Nǐmen hái dǎsuan pǎo jǐ quānr?

B 我们　还　打算　跑　三　圈儿。
　Wǒmen hái dǎsuan pǎo sān quānr.

1）念　遍
　niàn biàn

2）去　次
　qù cì

第十三课　リスニング練習

CD192-194

1 単語の発音を聞いて拼音の韻母部分（声調も）を補い、簡体字で書きなさい。

1）x ＿＿＿ y ＿＿＿　　2）d ＿＿＿ q ＿＿＿　　3）l ＿＿＿ y ＿＿＿　　4）r ＿＿＿ sh ＿＿＿

簡 ＿＿＿＿＿＿＿＿　　＿＿＿＿＿＿＿＿　　＿＿＿＿＿＿＿＿　　＿＿＿＿＿＿＿＿

2 中国語を聞き、空欄に入る語を簡体字で書きなさい。

1）我们（　　　　　）看看吧。

2）你们快（　　　　　）吧。

3）你念了（　　　　　）了？

4）老师在教室里走（　　　　　）走（　　　　　）。

3 中国語の質問を聞き、答えとして正しいものを選びなさい。

1）
　①我没有伞。　②我有一个哥哥。　③你的伞真漂亮。　④你也没有伞吗？

2）
　①好，我也喜欢吃中国菜。　②好，我们去哪儿？

　③我寒假也去了中国。　　　④我们 12 月 25 号放寒假。

3）
　①我想吃饺子。　②我不想去那儿。　③我也想吃蛋糕。　④我想去北京。

字
謎

猴子翘尾巴。

（サルが尻尾を立てる）

1　助動詞"[快／就] 要③…了"

1) 天快要黑了。　　　　　　　　Tiān kuàiyào hēi le.

2) 飞机快要到天津了。　　　　　Fēijī kuàiyào dào Tiānjīn le.

3) 明天就要放假了。　　　　　　Míngtiān jiù yào fàng jià le.

4) 我后天就要二十岁了。　　　　Wǒ hòutiān jiù yào èrshí suì le.

2　存現文（一）

1) 刮风了。　Guā fēng le.　　　　2) 下雨(雪)了。　Xià yǔ(xuě) le.

3) 打雷了。　Dǎ léi le.　　　　　4) 停电了。　Tíng diàn le.

cf. 雨停了。　Yǔ tíng le.

3　方向補語

	上 shàng	下 xià	进 jìn	出 chū	过 guò	回 huí	起 qǐ
来 lái	上来	下来	进来	出来	过来	回来	起来
去 qù	上去	下去	进去	出去	过去	回去	

A　单純方向補語

1) 他回去了。　　　　　　　　　Tā huíqù le.

2) 他回去不回去？　　　　　　　Tā huíqù bu huíqù?

3) 他回去了没有？　　　　　　　Tā huíqùle méiyǒu?

4) 他回家去了。　　　　　　　　Tā huí jiā qù le.

B　複合方向補語

1) 老师站起来了。　　　　　　　Lǎoshī zhàn qǐlái le.

2) 老师走过来了。　　　　　　　Lǎoshī zǒu guòlái le.

3) 老师走出教室去了。　　　　　Lǎoshī zǒuchū jiàoshì qù le.

4) 老师走下楼去了。　　　　　　Lǎoshī zǒuxià lóu qù le.

5) 老师拿回课本来了。　　　　　Lǎoshī náhuí kèběn lái le.

4　"一…就①…"

1) 我一拿起课本就想睡觉。　　　Wǒ yì náqǐ kèběn jiù xiǎng shuì jiào.

2) 我一下课就去打工。　　　　　Wǒ yí xià kè jiù qù dǎ gōng.

1） 我去过一次。   Wǒ qùguo yí cì.

2） 请再说一遍。   Qǐng zài shuō yí biàn.

3） 你学了几年[的]汉语了？   Nǐ xuéle jǐ nián [de] Hànyǔ le?

我学了两年[的]汉语了。   Wǒ xuéle liǎng nián [de] Hànyǔ le.

我学了三天[的]汉语就不学了。   Wǒ xuéle sān tiān [de] Hànyǔ jiù bù xué le.

第十三课　　ドリル

❶ 次の語句を並べ替えて、日本語に相当する中国語を作りなさい。ただし、<u>使わない語</u><u>が一つあるので</u>、注意すること。

1）到／快／过／了／要／圣诞节
もうすぐクリスマスになります。

_____

2）两／遍／我／二／念／还／打算
私はもう二回読むつもりです。

_____

3）上／睡觉／课／他／一／就／下
彼は授業になるとすぐに寝る。

_____

4）要／六十岁／是／明天／就／了／我爸爸
私の父は明日六十歳になります。

_____

❷ 次の日本語を中国語に訳しなさい。

1）彼女は家に帰って行きましたか？

_____

2）彼は歩いて階上に行った。

_____

3）私は英語を6年間学んでいる。

_____

4）もうじき雨が降りそうだ、
はやく教室に入りましょう。

_____

●謎底：电

14 第十四课 回来得真快！ 帰って来るのが本当に早いね！
Dì shísì kè　Huílái de zhēn kuài!

[会話A] CD200

和尚：你　回来　得　真　快！　简直　跟　飞机　差不多！
　　　Nǐ　huílái　de　zhēn　kuài!　Jiǎnzhí　gēn　fēijī　chàbuduō!

悟空：筋斗云　比　火箭　快　多了。
　　　Jīndǒuyún　bǐ　huǒjiàn　kuài　duō le.

和尚：这　次　世界　旅游，你　入境　手续　办　得　顺利　不　顺利？
　　　Zhè　cì　shìjiè　lǚyóu,　nǐ　rùjìng　shǒuxù　bàn　de　shùnlì　bu　shùnlì?

悟空：很　顺利！　我　的　护照　去　哪里　都　不　要　签证。
　　　Hěn　shùnlì!　Wǒ　de　hùzhào　qù　nǎli　dōu　bú　yào　qiānzhèng.

[会話B] CD201

和尚：你　去了　什么　有名　的　景点　吗？
　　　Nǐ　qùle　shénme　yǒumíng　de　jǐngdiǎn　ma?

悟空：我　去了　万里　长城、　自由　女神、　大本钟…
　　　Wǒ　qùle　Wànlǐ　Chángchéng,　Zìyóu　Nǚshén,　Dàběnzhōng …

和尚：你　真的　去过　那么　多　地方　吗？
　　　Nǐ　zhēnde　qùguo　nàme　duō　dìfang　ma?

悟空：很　多　地方　都　写着　"到　此　一　游"，那　就是　证据。
　　　Hěn　duō　dìfang　dōu　xiězhe　"dào　cǐ　yì　yóu",　nà　jiùshì　zhèngjù.

注

到此一游：
「お前は偉そうにしても私の掌から出ることすらできまいに」。釈迦にこう言われて頭にきた悟空は、たちまちその掌から飛び出し、勁斗雲にうち乗り何十万里とやって来る。やがて前方に現れた五本柱に「斉天大聖、到此一游（天にひとしき大聖人〈孫悟空〉がここまでやってきた」と墨書した。はるか遠方まで行った証拠だったのだが、実はその五本柱は釈迦の指で、悟空は一歩も釈迦の掌から飛び出ていなかったのである。この話がもととなり、「到此一游」は観光地の落書常用の文句となっている。

得	de	（文法参照）	顺利	shùnlì	順調
简直	jiǎnzhí	まったく	护照	hùzhào	パスポート
跟	gēn	…と	签证	qiānzhèng	ビザ
差不多	chàbuduō	差がない	有名	yǒumíng	有名
比	bǐ	…より	景点	jǐngdiǎn	観光名所
火箭	huǒjiàn	ロケット	万里长城	Wànlǐ Chángchéng	万里の長城
…多了	…duō le	ずっと…	自由女神	Zìyóu Nǚshén	自由の女神
这次	zhè cì	今回	大本钟	Dàběnzhōng	ビッグベン
世界	shìjiè	世界	真的	zhēnde	本当に
入境	rù//jìng	入国（する）	那么	nàme	そんなに
手续	shǒuxù	手続き	就是	jiùshì	即ち…に他ならない
办	bàn	やる、する	证据	zhèngjù	証拠

不错	búcuò	よい、悪くない	公分	gōngfēn	センチメートル
打篮球	dǎ lánqiú	バスケットボールをする	邓小平	Dèng Xiǎopíng	鄧小平
踢足球	tī zúqiú	サッカーをする	渴	kě	喉が渇く
滑雪	huá//xuě	スキーをする	也③	yě	…でも、
苹果	píngguǒ	リンゴ			…にかかわりなく
香蕉	xiāngjiāo	バナナ	早	zǎo	（時刻的に）早い
桔子	júzi	ミカン	胖	pàng	太る、太った
没有③	méiyǒu	（文法参照）	一样	yíyàng	同じ
孙中山	Sūn Zhōngshān	孫文（中山は号）	重	zhòng	重い
蒋介石	Jiǎng Jièshí	蒋介石	树	shù	樹（木）
大②	dà	（人が）年上だ	掉	diào	落ちる
毛泽东	Máo Zédōng	毛沢東	放	fàng	置く
周恩来	Zhōu Ēnlái	周恩来			

第十四課　置き換え練習

1

A 他 做 中国菜 做 得 怎么样？
Tā zuò Zhōngguócài zuò de zěnmeyàng?

B 他 做 得 不错。
Tā zuò de búcuò.

A 他 做 日本菜 做 得 怎么样？
Tā zuò Rìběncài zuò de zěnmeyàng?

B 他 做 得 不 好。
Tā zuò de bù hǎo.

1）打 篮球　踢 足球
　　dǎ lánqiú　tī zúqiú

2）游 泳　滑 雪
　　yóu yǒng　huá xuě

2

A 苹果 比 香蕉 贵 吗？
Píngguǒ bǐ xiāngjiāo guì ma?

B 苹果 比 香蕉 贵 两 块 钱。
Píngguǒ bǐ xiāngjiāo guì liǎng kuài qián.

A 桔子 比 香蕉 贵 吗？
Júzi bǐ xiāngjiāo guì ma?

B 桔子 没有 香蕉 贵。
Júzi méiyǒu xiāngjiāo guì.

1）孙 中山　蒋 介石
　　Sūn Zhōngshān　Jiǎng Jièshí

　　大 21 岁　毛 泽东
　　dà èrshiyī suì　Máo Zédōng

2）毛 泽东　周 恩来
　　Máo Zédōng　Zhōu Ēnlái

　　高 6 公分 邓 小平
　　gāo liù gōngfēn Dèng Xiǎopíng

3

A 你 想 喝 点儿 什么 吗？
Nǐ xiǎng hē diǎnr shénme ma?

B 我 不 渴，什么 都（／也）不 想 喝。
Wǒ bù kě, shénme dōu yě bù xiǎng hē.

1）吃 不 饿
　　chī bú è

2）说 累 了
　　shuō lèi le

CD207-209

1 単語の発音を聞いて拼音の韻母部分（声調も）を補い、簡体字で書きなさい。

1）j____zh____　　2）sh____j____　　3）h____x____　　4）p____g____

簡 _____　　_____　　_____　　_____

2 中国語を聞き、空欄に入る語を簡体字で書きなさい。

1）他打篮球（　　　　　）很好。

2）我（　　）足球踢得（　　　　　）。

3）她游泳（　　　　　　）。

4）我做中国菜（　　　　　　）。

3 中国語の質問を聞き、答えとして正しいものを選びなさい。

1）
　　①他说累了。　　②他很喜欢汉语。　　③他说得很好。　　④他也想说汉语。

2）
　　①我哥哥比姐姐大两岁。　　②我哥哥比我大三岁。

　　③我哥哥没有我高。　　　　④我哥哥的生日是 8 月 12 号。

3）
　　①我哪儿都不想去。　　②我也快放寒假了。

　　③我寒假去了美国。　　④北京比东京冷。

十五天

1 構造助詞 "得"（様態補語）

1） 他今天来得很早。　　　　　　　　Tā jīntiān lái de hěn zǎo.

2） 我[唱]歌唱得不好。　　　　　　　Wǒ [chàng] gē chàng de bù hǎo.

3） 她跑得快不快？　　　　　　　　　Tā pǎo de kuài bu kuài?

4） 他[说]汉语说得怎么样？　　　　　Tā [shuō] Hànyǔ shuō de zěnmeyàng?

2 比較文（介詞 "比"）

1） 我比你高。　　　　　　　　　　　Wǒ bǐ nǐ gāo.

2） 我没有他[这么／那么]高。　　　　Wǒ méiyǒu tā [zhème/nàme] gāo.

3） 我比你大两岁。　　　　　　　　　Wǒ bǐ nǐ dà liǎng suì.

4） 他比你大几岁？　　　　　　　　　Tā bǐ nǐ dà jǐ suì?

5） 我比你胖[一]点儿。　　　　　　　Wǒ bǐ nǐ pàng [yì] diǎnr.

6） 他比我胖多了。　　　　　　　　　Tā bǐ wǒ pàng duō le.

7） 我和(／跟)你一样重。　　　　　　Wǒ hé (/gēn) nǐ yíyàng zhòng.

3 疑問詞の不定用法

1） 你想喝点儿什么吗？　　　　　　　Nǐ xiǎng hē diǎnr shénme ma?

cf. 你想喝点儿什么？　　　　　　　　Nǐ xiǎng hē diǎnr shénme?

2） 你想去哪儿吗？　　　　　　　　　Nǐ xiǎng qù nǎr ma?

cf. 你想去哪儿？　　　　　　　　　　Nǐ xiǎng qù nǎr?

4 疑問詞 + "都"（／ "也" ③）…

1） 我现在什么都不想做。　　　　　　Wǒ xiànzài shénme dōu bù xiǎng zuò.

2） 有的人吃多少都不胖。　　　　　　Yǒude rén chī duōshao dōu bú pàng.

5 存現文（二）(cf. 第八課文法5)

cf. 后面有一辆汽车。　　　　　　　　Hòumian yǒu yí liàng qìchē.

1） 后面开来了一辆汽车。　　　　　　Hòumian kāiláile yí liàng qìchē.

2）树上掉下来了一个苹果。　　　　　　Shù shang diào xiàlái le yíge píngguǒ.

3）桌子上放着很多书。　　　　　　　　Zhuōzi shang fàngzhe hěn duō shū.

第十四课　　ドリル

1 次の語句を並べ替えて、日本語に相当する中国語を作りなさい。ただし、<u>使わない語が一つある</u>ので、注意すること。

1）順利 / 得 / 地 / 入境手续 / 办 / 你 / 吗
　　入国手続きは順調でしたか？
　　_____

2）比 / 飞机 / 多 / 火箭 / 了 / 跟 / 快
　　ロケットは飛行機よりもずっと速い。
　　_____

3）点儿 / 有点儿 / 想 / 你 / 吗 / 什么 / 说
　　君は何かちょっと言いたいのか？
　　_____

4）我妈妈 / 得 / 不错 / 不行 / 中国菜 / 做
　　私の母は中国料理を作るのが上手だ。
　　_____

2 次の日本語を中国語に訳しなさい。

1）私は彼ほど太っていない。

　　_____

2）私は今日どこにも行きたくない。

　　_____

3）彼は泳ぐのが速い。

　　_____

4）机の上にカバンが一つ置いてある。

　　_____

●謎底：胖

87

15 第十五课 吃完早饭 朝ご飯を食べ終えた
Dì shíwǔ kè Chīwán zǎofàn

[会話A]（早上 Zǎoshang）CD215

八戒： 你们 等等 我。 我 肚子 饿 得 要 命。
Bājiè Nǐmen děngdeng wǒ. Wǒ dùzi è de yào mìng.

和尚： 咱们 九点 才 吃完 早饭， 你 这么
Zánmen jiǔdiǎn cái chīwán zǎofàn, nǐ zhème

快 就 饿 了？
kuài jiù è le?

八戒： 早饭 太 少 了， 我 没 吃饱。
Zǎofàn tài shǎo le, wǒ méi chībǎo.

悟空： 你 吃了 那么 多 东西， 怎么 还 没 吃饱？
Nǐ chīle nàme duō dōngxi, zěnme hái méi chībǎo?

[会話B]（晚上 Wǎnshang）CD216

和尚： 小 孙， 八戒 佛教 学 得 怎么样？
Xiǎo Sūn, Bājiè Fójiào xué de zěnmeyàng?

悟空： 他 学 得 很 差， 脑子 还是 很 空。
Tā xué de hěn chà, nǎozi háishi hěn kōng.

和尚： 八戒 一点儿 都 不 懂， 我们 怎么 办 呢？
Bājiè yìdiǎnr dōu bù dǒng, wǒmen zěnme bàn ne?

八戒： 我 哪里 不 懂？ 佛教 既然 是 讲 "空" 的，
Wǒ nǎli bù dǒng? Fójiào jìrán shì jiǎng "kōng" de,

"脑子 很 空" 不 就是 "得 道" 了 吗？
"nǎozi hěn kōng" bú jiùshì "dé dào" le ma?

注

空：仏教の根本教理。この世の一切は恒常的な実体をもたない空であるという教え。

得道：道を悟る。

等	děng	待つ	还是	háishi	やはり
肚子	dùzi	お腹	空	kōng	からっぽ
要命	yào//mìng	死にそうだ	一点儿…都②	yìdiǎnr…dōu	少しも…ない
才	cái	やっと	（＋否定）		
完	wán	終わる	懂	dǒng	理解する
早饭	zǎofàn	朝食	呢③	ne	（疑問の語気助詞）
就②	jiù	とっくに、もう	哪里②	nǎli	どこが…か
还没[有]…	hái méi[yǒu]	まだ…してない	既然…就③	jìrán…jiù	…であるからには
佛教	Fójiào	仏教	讲①	jiǎng	語る、重視する
脑子	nǎozi	脳、あたま			

毕业	bì//yè	卒業（する）	中文	Zhōngwén	中国語
论文	lùnwén	論文	话	huà	話
难懂	nándǒng	わかりにくい	字	zì	文字
辣	là	辛（から）い	住	zhù	固定、定着する
商店	shāngdiàn	商店	脚	jiǎo	足
错	cuò	間違う	抓	zhuā	つかむ
清楚	qīngchu	ハッキリしている	记	jì	覚える
号码	hàomǎ	番号	拼音	pīnyīn	ピンイン
听	tīng	聞く	上③	shàng	付く、達する
生词	shēngcí	新出単語	合	hé	（本を）閉じる
汉字	Hànzì	漢字	考	kǎo	受験する
已经	yǐjing	すでに、もう	见①	jiàn	感じ取る、認識する
晚饭	wǎnfàn	晩ご飯	闻	wén	においをかぐ
睡	shuì	眠る	结婚	jié//hūn	結婚（する）
好②	hǎo	…し終わる	晚	wǎn	（時間が）遅い
		ちゃんと…する	好朋友	hǎopéngyou	親友

"小孙" の "小"

　中国は姓の種類が少ないので同姓の人がたくさんいます（人口の九割以上を占める漢族の姓は百余りしかありません）。このため中国人同士はフルネームもしくは、相手の肩書きをつけて呼び合います。相手と親しくしていて、フルネームや肩書きつきでなくてもわかる場合は、姓の前に"小"（年下の相手）や"老"（同輩以上）をつけて呼ぶことがあります。ただしこれは相手の姓が単姓（一文字姓）である場合に限り、複姓（司馬、諸葛、公孫 etc.）にはつけません。

CD219-220

1

A 这 本 小说 你 看完 了 吗？
Zhè běn xiǎoshuō nǐ kànwán le ma?

B 我 还 没有 看完。
Wǒ hái méiyǒu kànwán.

A 你 什么 时候 能 看完？
Nǐ shénme shíhou néng kànwán?

B 我 明天 能 看完。
Wǒ míngtiān néng kànwán.

1）英语 作业 做 后天
Yīngyǔ zuòyè zuò hòutiān

2）毕业 论文 写
bìyè lùnwén xiě

下 个 星期
xià ge xīngqī

2

A 这个 电影 怎么样？
Zhège diànyǐng zěnmeyàng?

B 这个 电影 有点儿 难懂。
Zhège diànyǐng yǒudiǎnr nándǒng.

C 这个 电影 一点儿 都 没 意思。
Zhège diànyǐng yìdiǎnr dōu méi yìsi.

1）菜 辣 不 好吃
cài là bù hǎochī

2）商店 远 不 便宜
shāngdiàn yuǎn bù piányi

3 次の動詞・結果補語・目的語の組み合わせを考えて文を作りなさい（主語は自由）。

例：我听错她的生日了。

動詞	結果補語	目的語
1）看　kàn	错　cuò	号码　hàomǎ
2）听　tīng	懂　dǒng	生词　shēngcí
3）说　shuō	完　wán	汉字　Hànzì
4）写　xiě	清楚　qīngchu	作业　zuòyè

月光如注
（月光注ぐが如し。）

第十五课　リスニング練習

CD221-223

1 単語の発音を聞いて拼音の韻母部分（声調も）を補い、簡体字で書きなさい。

1）F　　　j　　　　　　　2）n　　z　　　　　　　3）z　　y　　　　　　　4）sh　　　c

簡　_____　　　_____　　　_____　　　_____

2 中国語を聞き、空欄に入る語を簡体字で書きなさい。

1）我肚子饿得（　　　　　　）。

2）午饭太少了，我没（　　　　　　）。

3）他英语学得（　　　　　　），学了十年（　　　　　　）不会说。

4）今天的课我（　　　　　　）没听懂。

3 中国語の質問を聞き、答えとして正しいものを選びなさい。

1）

　①他今天没去学校。　　②昨天的早饭很好吃。

　③我明天七点吃早饭。　　④我今天吃早饭了。

2）

　①他在大学学习汉语。　　②他汉语学得很好。

　③他很想学汉语。　　④他很喜欢学习英语。

3）

　①我不喜欢看小说。　　②我买了一本小说。

　③我明天能看完。　　④我下星期去买小说。

CD224-228

1 結果補語

1）你已经吃完晚饭了吗？　　　　　Nǐ yǐjing chīwán wǎnfàn le ma?
　　我已经吃完了。　　　　　　　　　Wǒ yǐjing chīwán le.

2）你写完作业了没有？　　　　　　Nǐ xiěwán zuòyè le méiyǒu?
　　我还没[有]写完呢。　　　　　　Wǒ hái méi[yǒu] xiěwán ne.

3）昨天晚上你睡好了吗？　　　　　Zuótiān wǎnshang nǐ shuìhǎo le ma?
　　我没睡好。　　　　　　　　　　　Wǒ méi shuìhǎo.

【常用結果補語】

①	懂	dǒng	②	错	cuò
	听懂汉语	tīngdǒng Hànyǔ		说错话	shuōcuò huà
	看懂中文	kàndǒng Zhōngwén		听错话	tīngcuò huà
				写错字	xiěcuò zì
③	住	zhù	④	上	shàng
	站住脚	zhànzhù jiǎo		合上课本	héshàng kèběn
	抓住东西	zhuāzhù dōngxi		关上窗户	guānshàng chuānghu
	记住拼音	jìzhù pīnyīn		考上大学	kǎoshàng dàxué
⑤	清楚	qīngchu	⑥	见	jiàn
	看清楚	kànqīngchu		看见	kànjiàn
	听清楚	tīngqīngchu		听见	tīngjiàn
	说清楚	shuōqīngchu		闻见	wénjiàn

2 “才”

1）他五十岁才结婚。　　　　　　　Tā wǔshí suì cái jiéhūn.

2）我看了三遍才看懂。　　　　　　Wǒ kànle sān biàn cái kàndǒng.

3 “就”②

1）你那么晚才来，现在就走吗？　　Nǐ nàme wǎn cái lái, xiànzài jiù zǒu ma?

2）他写完作业就去玩儿了。　　　　Tā xiěwán zuòyè jiù qù wánr le.

4 “一点儿［…］都②（／也）”＋否定

1）我一点儿东西都不想吃。　　　　Wǒ yìdiǎnr dōngxi dōu bù xiǎng chī.

2）我昨天晚上一点儿也没睡。　　　Wǒ zuótiān wǎnshang yìdiǎnr yě méi shuì.

5 反語文（一）（cf. 第六課文法1）

1）我哪里不对？　　　　　　　　　　　Wǒ nǎli bú duì?

2）他哪里是我的好朋友？　　　　　　　Tā nǎli shì wǒ de hǎopéngyou?

cf. 你哪里不舒服？　　　　　　　　　　Nǐ nǎli bù shūfu?

第十五课　　ドリル

❶ 次の語句を並べ替えて、日本語に相当する中国語を作りなさい。ただし、使わない語が一つあるので、注意すること。

1）饱 / 已经 / 很 / 我 / 了 / 吃 /
　　私はもうお腹がいっぱいです。

　　_____

2）住 / 你 / 这个号码 / 才 / 没有 / 记 / 了
　　この番号を覚えましたか？

　　_____

3）吃 / 他 / 去 / 完 / 了 / 学校 / 就 / 早饭 / 饱
　　彼は朝食を食べおわるとすぐ学校に行った。

　　_____

4）都 / 好吃 / 没 / 面包 / 不 / 这个 / 一点儿。
　　このパンは少しもおいしくない。

　　_____

❷ 次の日本語を中国語に訳しなさい。

1）僕は彼女の話を聞き間違った。

　　_____

2）彼は三回大学を受験してやっと合格した。

　　_____

3）私は二遍聞いてやっとわかった。

　　_____

4）私は昨晩、少しもよく眠れなかった。

　　_____

●謎底：清

16 第十六课
Dì shíliù kè

听得懂吗？　聞き取れますか？
Tīngdedǒng ma?

[会話A] CD229

和尚： 你们　跟着　我　念　十　遍　经，好　吗？
Nǐmen　gēnzhe　wǒ　niàn　shí　biàn　jīng,　hǎo　ma?

悟净： 我　跟着　您　念　一百　遍　经　也　愿意。
Wùjìng　Wǒ　gēnzhe　nín　niàn　yìbǎi　biàn　jīng　yě　yuànyi.

悟空： 不用　念　十　遍，我　念　一　遍　就　记得住。
Búyòng　niàn　shí　biàn,　wǒ　niàn　yí　biàn　jiù　jìdezhù.

八戒： 可是，我　念　两百　遍　也　记不住。
Kěshì,　wǒ　niàn　liǎngbǎi　biàn　yě　jìbuzhù.

[会話B] CD230

八戒： 悟净，你　听得懂　老师　的　话　吗？
Wùjìng,　nǐ　tīng de dǒng　lǎoshī　de　huà　ma?

悟净： 有　的　地方　听不懂。师兄，你　听得懂　听不懂？
Yǒu　de　dìfang　tīng bu dǒng.　Shīxiōng,　nǐ　tīng de dǒng　tīng bu dǒng?

悟空： 我　当然　都　听得懂。有　什么　难　懂　的？
Wǒ　dāngrán　dōu　tīng de dǒng.　Yǒu　shénme　nán　dǒng　de?

和尚： 你　虽然　听得懂，但是　做不到，这个　问题　更
Nǐ　suīrán　tīng de dǒng,　dànshì　zuò bu dào,　zhège　wèntí　gèng

大　啊！
dà　a!

注

师兄：兄弟子。

听得懂，但是做不到：仏弟子たる悟空は「不殺生戒」を守らねばならないのだが、三蔵法師を守るためにややもすれば「不殺生戒」を破ってしまい、三蔵法師に叱られている。

94

新 出 単 語

跟着	gēnzhe	…について	得	de	（文法参照）
念经	niàn//jīng	経を唱える	可是	kěshì	しかし
(沙)悟净	(Shā)Wùjìng	（沙）悟浄	当然	dāngrán	当然
也④	yě	（たとえ）…でも	虽然	suīrán	…だけれども
愿意	yuànyi	…したい、願う	到③	dào	達する
不用	búyòng	…するに及ばない	问题	wèntí	問題

補 充 単 語

迪斯尼乐园	Dísīní Lèyuán	ディズニーランド	印度	Yìndù	インド
涮羊肉	shuànyángròu	羊のシャブシャブ	德语	Déyǔ	ドイツ語
长城	Chángchéng	（万里の）長城	声音	shēngyīn	声
学会	xué//huì	マスターする	招牌	zhāopai	看板
广播	guǎngbō	放送	好几遍	hǎo jǐbiàn	何度も
见②	jiàn	会う	可怕	kěpà	おそろしい
赵	Zhào	趙（姓）	好玩儿	hǎowánr	面白い

【まとめ—助動詞 "会"・"能"・"可以"】

	会得	能力	条件・環境	許可
会	◎他会游泳。	×	×	×
能	×	◎他能游一千米。	○这里能游泳。	○这里能游泳吗？ 可以。／不行。
可以	×	×	◎这里可以游泳。	○这里可以游泳吗？ 可以。／不行。

CD233-235

1

A　你　去过　几　次　迪斯尼　乐园？
　　Nǐ　qùguo　jǐ　cì　Dísīní　Lèyuán?

B　我　没　去过。　你　呢？
　　Wǒ　méi　qùguo.　Nǐ　ne?

A　我　去过　两　次。
　　Wǒ　qùguo　liǎng　cì.

1）看　京剧
　　kàn　Jīngjù

2）吃　涮羊肉
　　chī　shuànyángròu

3）爬　长城
　　pá　Cháng Chéng

2

A　你　今天　写得完　这些　作业　吗？
　　Nǐ　jīntiān　xiědewán　zhèxiē　zuòyè　ma?

B　我　今天　写不完。
　　Wǒ　jīntiān　xiěbuwán.

1）三　分钟　记住　这些
　　sān　fēnzhōng　jìzhù　zhèxiē

　　生词
　　shēngcí

2）一　个　小时　学会
　　yí　ge　xiǎoshí　xuéhuì

　　骑自行车
　　qí zìxíngchē

3）现在　听懂
　　xiànzài　tīngdǒng

　　英语　广播
　　Yīngyǔ　guǎngbō

3

A　我　觉得　汉语　太　难　了。
　　Wǒ　juéde　Hànyǔ　tài　nán　le.

B　汉语　虽然　很　难，但是　很　有　意思。
　　Hànyǔ　suīrán　hěn　nán,　dànshì　hěn　yǒu　yìsi.

1）这　辆　车　贵　好看
　　zhè　liàng　chē　guì　hǎokàn

2）这个　菜　辣　好吃
　　zhège　cài　là　hǎochī

3）这个　房间　小　漂亮
　　zhège　fángjiān　xiǎo　piàoliang

第十六课　リスニング練習

1 単語の発音を聞いて拼音の韻母部分（声調も）を補い、簡体字で書きなさい。

1）n＿＿j＿＿　　2）d＿＿r＿＿　　3）y＿＿r＿＿　　4）g＿＿b＿＿

簡＿＿＿＿＿＿＿＿　＿＿＿＿＿＿＿＿　＿＿＿＿＿＿＿＿　＿＿＿＿＿＿＿＿

2 中国語を聞き、空欄に入る語を簡体字で書きなさい。

1）你去过（　　　　）东京？

2）你今天写（　　　　）论文吗？

3）我（　　　　）老师的话。

4）汉语（　　　　）很难，（　　　　）我一定要学会。

3 中国語の質問を聞き、答えとして正しいものを選びなさい。

1）
①我看过两次。　　　②我去过三次中国。

③我吃过两次烤鸭。　④我喜欢看中国电影。

2）
①我看过这本书。　　　②我是昨天买的这本书。

③我今天看不完这本书。　④我想明天看那本书。

3）
①我有的地方听不懂。　②今天的汉语课很难。

③我问老师一个问题。　④这个电影我看不懂。

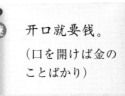

开口就要钱。

（口を開けば金の
ことばかり）

1　数量補語（二）（cf. 第十三課文法 5）

1）这本书我看了两遍。　　　　　Zhè běn shū wǒ kànle liǎng biàn.

2）我见过一次赵老师。　　　　　Wǒ jiànguo yí cì Zhào lǎoshī.

　　我见过他两次。　　　　　　　Wǒ jiànguo tā liǎng cì.

3）他去过一次印度。　　　　　　Tā qùguo yí cì Yìndù.

　　他去过那儿两次。　　　　　　Tā qùguo nàr liǎng cì.

4）我要看半个小时。　　　　　　Wǒ yào kàn bàn ge xiǎoshí.

　　我看了一个小时[的]电视。　　Wǒ kànle yí ge xiǎoshí [de] diànshì.

　　我等了她两个半小时。　　　　Wǒ děngle tā liǎng ge bàn xiǎoshí.

2　可能補語（cf. 第十四課文法 1 & 第十五課文法 1）

1）你听得懂德语吗？　　　　　　Nǐ tīng de dǒng Déyǔ ma?

2）他听得懂听不懂法语？　　　　Tā tīng de dǒng tīng bu dǒng Fǎyǔ?

3）她声音很小，我听不见。　　　Tā shēngyīn hěn xiǎo, wǒ tīng bu jiàn.

4）前面的招牌，你看得见吗？　　Qiánmian de zhāopai, nǐ kàn de jiàn ma?

【常用の可能補語否定形】

做不好	zuò bu hǎo	做不到	zuò bu dào	做不完	zuò bu wán
吃不下	chī bu xià	吃不到	chī bu dào	吃不饱	chī bu bǎo
听不见	tīng bu jiàn	听不到	tīng bu dào	听不清楚	tīng bu qīngchu
买不起	mǎi bu qǐ	买不到	mǎi bu dào	etc.	

3　"也"④（cf. 第四課文法 5 & 第十二課文法 4 & 第十四課文法 4）

1）你不说，我也知道。　　　　　Nǐ bù shuō, wǒ yě zhīdao.

2）这本书我看了好几遍也没看懂。　Zhè běn shū wǒ kànle hǎo jǐ biàn yě méi kàndǒng.

4　反語文（二）（cf. 第十五課文法 5）

1）有什么可怕的？　　　　　　　Yǒu shénme kěpà de?

2）这种东西有什么好玩儿的？　　Zhè zhǒng dōngxi yǒu shénme hǎowánr de?

第十六课 ドリル

❶ 次の語句を並べ替えて、日本語に相当する中国語を作りなさい。ただし、<u>使わない語</u><u>が一つある</u>ので、注意すること。

1）念／老师／我／看／两遍／跟着／了／课本

　　私は先生について二回教科書を音読した。

　　_____

2）都／懂／看／不／他的论文／谁／会

　　彼の論文は誰にも理解できない。

　　_____

3）看／几个／见／电视／晚上／的／你／小时

　　君は夜に何時間テレビを見るの？

　　_____

4）住／也／觉／一百遍／不／念／记／我／经

　　僕は100遍お経を読んでも覚えられない。

　　_____

❷ 次の日本語を中国語に訳しなさい。

1）この本の何が難しいものか。

　　_____

2）私は昨日一時間半中国語の勉強をした。

　　_____

3）あなたは私の中国語が聞き取れますか？

　　（反復疑問で）

　　_____

4）先生の話を私は何度も聞いたがわからな

　　かった。

　　_____

●謎底：园

99

17 第十七课 被人打了 殴られた
Dì shíqī kè　　Bèi rén dǎ le

[会話A] CD243

悟净：　八戒，　你　怎么　这么　没　精神？　吃坏　肚子　了　吗？
　　　　Bājiè,　nǐ　zěnme　zhème　méi　jīngshen?　Chīhuài　dùzi　le　ma?

悟空：　他　一　个　人　吃了　一　个　大　西瓜，　不　让
　　　　Tā　yí　ge　rén　chīle　yí　ge　dà　xīguā,　bú　ràng

　　　　别人　吃，　活该！
　　　　biérén　chī,　huógāi!

和尚：　八戒，　刚才　的　人参果，　你　没　吃够，　是　吗？
　　　　Bājiè,　gāngcái　de　rénshēnguǒ,　nǐ　méi　chīgòu,　shì　ma?

八戒：　都　不　是。　我　追　一　个　女孩儿，
　　　　Dōu　bú　shì.　Wǒ　zhuī　yí　ge　nǚhái'r,

　　　　结果　又　被　人　打　了……
　　　　jiéguǒ　yòu　bèi　rén　dǎ　le……

[会話B] CD244

悟空：　你　把　那个　女孩儿　的　照片　拿过来，　给　我　看看。
　　　　Nǐ　bǎ　nàge　nǚhái'r　de　zhàopiàn　ná guòlái,　gěi　wǒ　kànkan.

悟净：　哎呀，　真　漂亮。　怪不得　八戒　被　她　迷住　了　呢。
　　　　Āiya,　zhēn　piàoliang.　Guàibude　Bājiè　bèi　tā　mízhù　le　ne.

和尚：　漂亮　也　好，　不　漂亮　也　好，　最后　都　会
　　　　Piàoliang　yě　hǎo,　bú　piàoliang　yě　hǎo,　zuìhòu　dōu　huì

　　　　变成　白骨　的。
　　　　biànchéng　báigǔ　de.

八戒：　即使　是　白骨，　我　也　爱　她。
　　　　Jíshǐ　shì　báigǔ,　wǒ　yě　ài　tā.

注

人参果：五荘観（道教寺院）で悟空、八戒、悟浄が盗み食いした仙果。一個食べれば四万七千年生きられる。

精神	jīngshen	元気、活力	把	bǎ	（文法参照）
坏	huài	壊す、悪い	照片	zhàopiàn	写真
西瓜	xīguā	西瓜	哎呀	āiya	（感嘆の声）
别人	biérén	他人	怪不得	guàibude	道理で、なるほど
活该	huógāi	ざまあみろ	迷	mí	迷わす、とりこにする
刚才	gāngcái	さっき、今し方	…也好…也好	… yěhao… yěhǎo	…にせよ…にせよ
够	gòu	足りる	最后	zuìhòu	最後
追	zhuī	追いかける	会②…[的]	huì… [de]	…のはずだ
女孩儿	nǚháir	女の子	变成…	biànchéng…	変じて…になる
结果	jiéguǒ	結果	白骨	báigǔ	白骨
又	yòu	また	即使…也	jíshǐ… yě	たとえ…でも
被	bèi	（文法参照）	爱	ài	愛する
打(人)	dǎ (rén)	（人を）なぐる			

朱	Zhū	（姓）朱	反对	fǎnduì	反対（する）
高兴	gāoxìng	うれしい	同意	tóngyì	同意する
批评	pīpíng	批判する、叱る	骗	piàn	騙す
甩	shuǎi	振り捨てる	走②	zǒu	離れる、去る
钱包	qiánbāo	財布	幸好	xìnghǎo	幸いに
小偷	xiǎotōu	こそ泥	花②(钱)	huā (qián)	（金を）使う
瓶	píng	瓶（量詞）	光	guāng	何もない
花①	huā	花	丢	diū	なくす、紛失する
放在…	fàngzài	…に置く	警察	jǐngchá	警察
搬到…	bāndào	…まで運ぶ	天才	tiāncái	天才
开到…	kāidào	…までつける	不一定	bù yídìng	必ずしも…ない
度	dù	度（気温）	肯定	kěndìng	必ず、間違いなく
跑步	pǎo//bù	走る	生气	shēng//qì	怒る
留学	liú//xué	留学（する）			

第十七课　置き換え練習

CD247-249

1

A　小　朱　怎么　这么　不　高兴？
　　Xiǎo Zhū zěnme zhème bù gāoxìng?

B　他　又　被　老师　批评　了。
　　Tā yòu bèi lǎoshī pīpíng le.

1）你 哥哥　他 女朋友　甩
　　nǐ gēge　tā nǚpéngyou shuǎi

2）你 弟弟　他 的 钱包
　　nǐ dìdi　tā de qiánbāo

　　小偷　偷
　　xiǎotōu tōu

3）你 妹妹　她 的 蛋糕
　　nǐ mèimei　tā de dàngāo

　　弟弟　吃
　　dìdi chī

2

A　我　应该　把　这　瓶　花　放在　哪里？
　　Wǒ yīnggāi bǎ zhè píng huā fàngzài nǎli?

B　你　把　花　放在　桌子　上　吧。
　　Nǐ bǎ huā fàngzài zhuōzi shang ba.

1）这 本 词典　还给
　　zhè běn cídiǎn　huángěi

　　谁　李 老师
　　shéi　Lǐ lǎoshī

2）这 张 桌子　搬到
　　zhè zhāng zhuōzi　bāndào

　　哪里　三 楼
　　nǎli　sān lóu

3）教室 的 空调　开到
　　jiàoshì de kōngtiáo　kāidào

　　几 度　22 度
　　jǐ dù　èrshi'èr dù

3

A　即使　明天　下　大雨，
　　Jíshǐ míngtiān xià dàyǔ,

　　我　也　要　去　跑步。
　　wǒ yě yào qù pǎobù.

1）爸爸 反对　去 留学
　　bàba fǎnduì　qù liúxué

2）妈妈 不 同意　学 开车
　　māma bù tóngyì　xué kāichē

3）不 好吃
　　bù hǎochī

　　把 她 做 的 菜 吃完
　　bǎ tā zuò de cài chīwán

102

CD250-252

1 単語の発音を聞いて拼音の韻母部分（声調も）を補い、簡体字で書きなさい。

1）j　　sh　　　　　2）j　　g　　　　　3）p　　b　　　　　4）d　　g

簡 _____　　_____　　_____　　_____

2 中国語を聞き、空欄に入る語を簡体字で書きなさい。

1）我又（　　　　）老师（　　　　　　）了。

2）你（　　　　）那瓶花拿（　　　　　）吧。

3）你把这本书（　　　　　　）李老师。

4）（　　　　　　）明天下雨，我爸爸（　　　　　）要去散步。

3 中国語の質問を聞き、答えとして正しいものを選びなさい。

1）
①我是坐电车来的。　②我的钱包被小偷偷了。

③我弟弟很高兴。　④我想开车去。

2）
①这张桌子很漂亮。　②教室里有两张桌子。

③你搬到三楼吧。　④你买一张桌子吧。

3）
①对，我昨天没来。　②对，我昨天来了。

③对，我今天没有课。　④对，我是坐电车来的。

字？谜

千言万语。

CD253-257

1　受身文

1） 我被哥哥骗了。　　　　　　　　　Wǒ bèi gēge piàn le.

2） 我的钱被他骗走了。　　　　　　　Wǒ de qián bèi tā piànzǒu le.

3） 这件事被妈妈知道了。　　　　　　Zhè jiàn shì bèi māma zhīdao le.

4） 哥哥被妈妈批评了。　　　　　　　Gēge bèi māma pīpíng le.

5） 幸好我的钱没被花光。　　　　　　Xìnghǎo wǒ de qián méi bèi huāguāng.

2　副詞"又"

1） 我上午丢了手机，　　　　　　　　Wǒ shàngwǔ diūle shǒujī,
　　 下午又丢了钱包！　　　　　　　　　　xiàwǔ yòu diūle qiánbāo!

2） 我看了一遍没看懂，　　　　　　　Wǒ kànle yí biàn méi kàndǒng,
　　 所以又看了一遍。　　　　　　　　　　suǒyǐ yòu kànle yí biàn.

3　"把"構文（介詞"把"）

1） 小偷把我的钱包偷走了。　　　　　Xiǎotōu bǎ wǒ de qiánbāo tōuzǒu le.

2） 我把这件事告诉了警察。　　　　　Wǒ bǎ zhè jiàn shì gàosule jǐngchá.

3） 警察把小偷抓住了。　　　　　　　Jǐngchá bǎ xiǎotōu zhuāzhù le.

4） 小偷没[有]把钱包还给我。　　　　Xiǎotōu méi[yǒu] bǎ qiánbāo huángěi wǒ.

5） 他把钱包放在哪儿了呢？　　　　　Tā bǎ qiánbāo fàngzài nǎr le ne?

4　"即使…也"

1） 即使是天才，也要努力。　　　　　Jíshǐ shì tiāncái, yě yào nǔlì.

2） 即使有钱，也不一定幸福。　　　　Jíshǐ yǒu qián, yě bù yídìng xìngfú.

5　助動詞"会②…[的]"

1） 你骗了她，她肯定会生气的。　　　Nǐ piànle tā, tā kěndìng huì shēngqì de.

2） 他对我很好，不会骗我的。　　　　Tā duì wǒ hěn hǎo, bú huì piàn wǒ de.

❶ 次の語句を並べ替えて、日本語に相当する中国語を作りなさい。ただし、<u>使わない語が一つある</u>ので、注意すること。

1) 也 / 钱 / 有 / 即使 / 爱 / 他 / 不 / 我 / 没 / 他

彼にはお金がなくても、私は彼を愛する。

_____

2) 把 / 我 / 他 / 钱 / 的 / 走 / 光 / 花 / 了

彼が私のお金を使いきってしまった。

_____

3) 的 / 了 / 爸爸 / 我们 / 过 / 知道 / 关系 / 被

私たちの関係が父に知られてしまった。

_____

4) 他 / 肯定 / 的 / 明天 / 会 / 我 / 批评 / 来 / 把

彼はきっと明日私を叱りに来るはずだ。

_____

❷ 次の日本語を中国語に訳しなさい。

1) 彼女はきれいだから、君がとりこになる
のも無理はない。

_____

2) 君がたくさんの金を持っているとしても、
彼女が君を愛するとは限らない。

_____

3) 彼はきっとこの事を警察に告げるに違い
ない。

_____

4) 私のお金を返してちょうだい。
("把" 構文を用いて)

_____

●謎底：够

[会話A] CD258

和尚： 我们 快 到 天竺 了。
Wǒmen kuài dào Tiānzhú le.

悟净： 师父 路上 辛苦 了。 您 也 走累 了 吧？
Shīfu lùshang xīnkǔ le. Nín yě zǒulèi le ba?

悟空： 终于 要 到 了， 连 我 都 要 累死 了。
Zhōngyú yào dào le, lián wǒ dōu yào lèisǐ le.

八戒： 我们 还 要 原路 返回， 是 不 是？
Wǒmen hái yào yuánlù fǎnhuí, shì bu shì?

其他： ……
……

[会話B] CD259

（和尚 先 派 悟空、八戒 和 悟净 进 城， 打探 一下 城里 的 情况。）
Héshang xiān pài Wùkōng, Bājiè hé Wùjìng jìn chéng, dǎtàn yíxià chéngli de qíngkuàng.

八戒： 糟 了！ 现在 天竺国人 都 讲 英语 了，
Zāo le! Xiànzài Tiānzhúguórén dōu jiǎng Yīngyǔ le,

可是 我 不 想 学 英语。
kěshì wǒ bù xiǎng xué Yīngyǔ.

悟净： 你 不要 讨厌 学 英语。 咱们 要 好好儿
Nǐ búyào tǎoyàn xué Yīngyǔ. Zánmen yào hǎohāor

学习， 与 时 俱 进！
xuéxí, yǔ shí jù jìn!

和尚： 小 孙， 你 也 不 会 英语，
Xiǎo Sūn, nǐ yě bú huì Yīngyǔ,

这 让 你 吃了 很 多 苦头 吧？
zhè ràng nǐ chīle hěn duō kǔtóu ba?

悟空： 我 没 什么， 反而 是 他们 吃了 不 少 苦头。
Wǒ méi shénme, fǎn'ér shì tāmen chīle bù shǎo kǔtóu.

注

天竺：インド　　师父：お師匠様

路上	lùshang	道中	
辛苦	xīnkǔ	つらい、ご苦労さま	
终于	zhōngyú	ついに	
连…都	lián...dōu	…でさえも	
死	sǐ	（文法参照）	
原路返回	yuánlù fǎnhuí	もと来た道を引返す	
先	xiān	先に、まず	
派	pài	…させる	
城	chéng	街、都市	
打探	dǎtàn	探る	

一下	yíxià	一度、ちょっと	
情况	qíngkuàng	情況	
糟了	zāo le	しまった	
都②…了	dōu...le	もう、すでに	
讲②	jiǎng	（言葉を）話す	
好好儿	hǎohāor	よくよく…	
与时俱进	yǔ shí jù jìn	時代と共に進む	
吃苦头	chī kǔtóu	苦労をする	
没什么	méi shénme	何でもない	
反而	fǎn'ér	逆に	

打针	dǎ//zhēn	注射する	
吃药	chī//yào	薬を飲む	
量	liáng	測る	
体温	tǐwēn	体温	
出差	chū//chāi	出張（する）	
上司	shàngsi	上司	
调查	diàochá	調査（する）	
老板	lǎobǎn	経営者	
开会	kāi//huì	会議をする	
节省	jiéshěng	節約する	
开支	kāizhī	支払い、支出	
极了	jí le	とても、実に	
道理	dàolǐ	道理	
句	jù	（量詞）	
回头	huí//tóu	振り返る	

（回）	（huí）	（回す、戻す）	
（头）	（tóu）	（頭）	
不好意思	bù hǎoyìsi	申し訳ない	
久等	jiǔ děng	長らく待つ	
叫②	jiào	…させる	
自己②	zìjǐ	自分で	
再②	zài	もう…（しない）	
红	hóng	赤い	
鲜花	xiānhuā	生花	
绿	lǜ	緑	
叶子	yèzi	葉	
天天向上	tiāntiān xiàngshàng	日々向上する	
慢	màn	おそい、ゆっくり	
着急	zháo//jí	あわてる	
平安	píng'ān	無事、平安である	

CD262-264

1

A 明天　还　要　来　吗？
Míngtiān hái yào lái ma?

B 明天　不用　来　了。
Míngtiān búyòng lái le.

1）打 针
dǎ zhēn

2）吃 药
chī yào

3）量 体温
liáng tǐwēn

2

A 我　不　会　念　这个　字。
Wǒ bú huì niàn zhège zì.

B 这个　字　连　小孩儿　都　会　念。
Zhège zì lián xiǎoháir dōu huì niàn.

你　为　什么　不　会　念？
Nǐ wèi shénme bú huì niàn?

1）唱　这首歌
chàng zhè shǒu gē

2）骑　自行车
qí zìxíngchē

3）包　饺子
bāo jiǎozi

3

A 公司　派　他　去　哪里　出差？
Gōngsī pài tā qù nǎli chū chāi?

B 公司　派　他　去　中国　出差。
Gōngsī pài tā qù Zhōngguó chū chāi.

1）学校　工作　美国
xuéxiào gōngzuò Měiguó

2）上司　调查　大阪
shàngsi diàochá Dàbǎn

3）老板　开会　东京
lǎobǎn kāi huì Dōngjīng

第十八课　リスニング練習

CD265-267

1 単語の発音を聞いて拼音の韻母部分（声調も）を補い、簡体字で書きなさい。

1） x　　　k　　　　**2）** q　　　k　　　　**3）** t　　　w　　　　**4）** d　　　ch

簡 _____　_____　_____　_____

2 中国語を聞き、空欄に入る語を簡体字で書きなさい。

1） 我们（　　　　）到学校（　　　　）。

2） 这本书（　　　　）小孩儿（　　　　）能看懂。

3） 你要（　　　　　）学习。

4） 我明天（　　　　　）要出差，都要（　　　　　）了。

3 中国語の質問を聞き、答えとして正しいものを選びなさい。

1）
　①我不会说。　②英语太难了。　③我不会说法语。　④我会开车。

2）
　①他明天去中国旅游。　②他的公司在大阪。

　③他去东京出差。　　　④公司派他去美国出差。

3）
　①我明天不来。　②我明天不用去。　③我家在大阪。　④我很喜欢大阪。

字谜？

元旦。

1　助動詞"要"④（cf. 第十課文法 2）

1）借了钱一定要还。　　　Jièle qián yídìng yào huán.

2）你不要乱花钱。　　　　Nǐ búyào luàn huā qián.

3）你要节省开支吧？　　　Nǐ yào jiéshěng kāizhī ba?
　　要。／ 不用。　　　　　Yào. / Búyòng.

2　程度補語（cf. 第十四課文法 1 & 第十五課文法 1）

1）我饿死了。　　　　　　Wǒ èsǐ le.

2）他高兴极了。　　　　　Tā gāoxìngjí le.

3）她的汉语好得很。　　　Tā de Hànyǔ hǎo de hěn.

3　"连…都（／也）"

1）这个道理，连小孩儿都懂。　Zhège dàolǐ, lián xiǎoháir dōu dǒng.

2）我连一句话也没[有]说。　　Wǒ lián yí jù huà yě méi[yǒu] shuō.

3）她连头也不回地就走了。　　Tā lián tóu yě bù huí de jiù zǒu le.

4）我忙得连吃饭的时间都没有。　Wǒ mángde lián chī fàn de shíjiān dōu méiyǒu.

4　兼語文（三）使役②（cf. 第七課文法 5）

1）请派人到这里来。　　　Qǐng pài rén dào zhèli lái.

2）昨天公司派我去大阪出差了。　Zuótiān gōngsī pài wǒ qù Dàbǎn chū chāi le.

cf. 不好意思，让您久等了。　Bù hǎoyìsi, ràng nín jiǔ děng le.

cf. 你可以叫他来，不用自己去。　Nǐ kěyǐ jiào tā lái, búyòng zìjǐ qù.

5　"都②…了"

1）都十二点了，我要回家了。　Dōu shí'èr diǎn le, wǒ yào huí jiā le.

2）你都喝了三杯了，不要再喝了。　Nǐ dōu hēle sān bēi le, bú yào zài hē le.

6　形容詞の重ね型

1）红红的鲜花，绿绿的叶子。　Hónghóng de xiānhuā, lǜlǜ de yèzi.

2） 好好儿学习，天天向上。　　　　　Hǎohāor xuéxí, tiāntiān xiàng shàng.

3） 你慢慢儿说，不要着急。　　　　　Nǐ mànmānr shuō, bú yào zháojí.

4） 高高兴兴上班去，　　　　　　　　Gāogāoxìngxìng shàng bān qù,
　　　平平安安回家来。　　　　　　　　　píngpíng'ān'ān huí jiā lái.

第十八课 ドリル

❶ 次の語句を並べ替えて、日本語に相当する中国語を作りなさい。ただし、使わない語が一つあるので、注意すること。

1）酒 / 我 / 被 / 爸爸 / 买 / 让 / 去
　父は私にお酒を買いに行かせる。

　_____

2）你 / 出差 / 不用 / 不要 / 了 / 明天 / 去
　君は明日出張に行かなくてもよくなった。

　_____

3）我 / 派 / 不少 / 汉语 / 吃了 / 苦头 / 让 / 不会
　僕は中国語ができないせいでずいぶん苦労しました。

　_____

4）那个老师 / 都 / 这本书 / 不能看 / 看不懂 / 连
　この本はあの先生でさえ理解できない。

　_____

❷ 次の日本語を中国語に訳しなさい。

1）あなたはもう五日も薬を飲んだから、
　もう飲まなくてもよい。（"都…了"）

　_____

2）私は先月上司にアメリカ出張に行かさ
　れた。（"派"）

　_____

3）私は忙しくて寝る間もありません。

　_____

4）私はまだしっかりと中国語を学ばなけ
　ればならない。

　_____

　　　　　　　　　　　　　　　　　　　●謎底：明（一月一日）

■語句索引

● 第４課以降に出てきた語句をピンインのアルファベット順に配列した。

● 数字は初出の課を示す。二つの課にわたっているものは意味用法が異なるためである。

电子邮件	diànzǐ yóujiàn	第九课	干	gàn	第八课	好看	hǎokàn	第五课
掉	diào	第十四课	刚才	gāngcái	第十七课	好朋友	hǎopéngyou	第十五课
调查	diàochá	第十八课	高	gāo	第六课	好玩儿	hǎowánr	第十六课
丢	diū	第十七课	高兴	gāoxìng	第十七课	号	hào	基礎語彙
东京	Dōngjīng	第六课	告诉	gàosu	第十课	号码	hàomǎ	第十五课
东西	dōngxi	第五课	歌	gē	第八课	喝	hē	第四课
懂	dǒng	第十五课	哥哥	gēge	基礎語彙	和	hé	第六课
都①	dōu	第四课	个子	gèzi	第六课	合	hé	第十五课
都②…了	dōu...le	第十八课	个	ge	第五课	和尚	héshang	第四课
度	dù	第十七课	给①	gěi	第九课	黑	hēi	第十三课
肚子	dùzi	第十五课	给②	gěi	第十课	很	hěn	第五课
对①	duì	第九课	给③	gěi	第十二课	红	hóng	第十八课
对②	duì	第九课	跟	gēn	第十四课	红茶	hóngchá	第七课
对不起。	Duìbuqǐ	挨拶言葉	跟着	gēnzhe	第十六课	猴子	hóuzi	第四课
多	duō	第五课	更	gèng	第九课	后	hòu	第七课
…多了	duō le	第十四课	公分	gōngfēn	第十四课	后年	hòunián	基礎語彙
多大	duōdà	第七课	公司	gōngsī	第六课	后天	hòutiān	基礎語彙
多少	duōshao	第八课	公园	gōngyuán	第五课	胡说	húshuō	第八课
多少钱	duōshao qián	第十二课	工作①	gōngzuò	第四课	护士	hùshi	第四课
朵	duǒ	第十三课	工作②	gōngzuò	第九课	护照	hùzhào	第十四课
			狗	gǒu	第八课	花①	huā	第十七课
E			够	gòu	第十七课	花②（钱）	huā (qián)	第十七课
俄语	Éyǔ	第十课	故宫	Gù Gōng	第十课	滑雪	huá//xuě	第十四课
饿	è	第八课	刮风	guā fēng	第十三课	话	huà	第十五课
儿子	érzi	基礎語彙	拐	guǎi	第六课	坏	huài	第七课
二	èr	基礎語彙	怪	guài	第十三课	坏	huài	第十七课
			怪不得	guàibude	第十七课	还②	huán	第十二课
			关	guān	第九课	回	huí	第十三课
F			关系	guānxi	第六课	回	huí	第十八课
发	fā	第九课	管教	guǎnjiào	第十一课	回家	huí//jiā	第十课
法国	Fǎguó	第四课	光	guāng	第十七课	回头	huí//tóu	第十八课
法语	Fǎyǔ	第四课	广播	guǎngbō	第十六课	回信	huí//xìn	第九课
反对	fǎnduì	第十七课	逛	guàng	第十一课	会①	huì	第八课
反而	fǎn'ér	第十八课	贵	guì	第五课	会②…[的]	huì...[de]	第十七课
反省	fǎnxǐng	第九课	贵姓	guìxìng	第四课	活该	huógāi	第十七课
饭	fàn	第七课	国家	guójiā	第十一课	火车	huǒchē	第十课
房间	fángjiān	第七课	过②	guò	第十三课	火箭	huǒjiàn	第十四课
放	fàng	第十四课	过①	guo	第十一课			
放(寒)假	fàng (hán) jià	第十三课				**J**		
放马	fàng mǎ	第七课				机票	jīpiào	第十课
放在…	fàngzài	第十七课	**H**			极了	jí le	第十八课
飞	fēi	第十三课	还①	hái	第六课	即使…也	jíshǐ...yě	第十七课
非常	fēicháng	第五课	还没[有]…	hái méi[yǒu]	第十五课	几	jǐ	第六课
飞机	fēijī	第十课	还是	háishi	第十课	几点	jǐ diǎn	第十课
分①	fēn	第十课	还是	háishi	第十五课	几号	jǐhào	基礎語彙
分②	fēn	第十二课	韩国	Hánguó	第十一课	几月	jǐyuè	基礎語彙
分钟	fēnzhōng	第八课	寒假	hánjià	第十一课	记	jì	第十五课
凤爪	fèngzhuǎ	第七课	汉堡包	hànbǎobāo	第九课	既然…就③	jìrán...jiù	第十五课
佛	Fó	第四课	汉语	Hànyǔ	第四课	家	jiā	第六课
佛教	Fójiào	第十五课	汉字	Hànzì	第十五课	家务	jiāwù	第七课
富士山	Fùshì Shān	第十一课	好①	hǎo	第四课	价格	jiàgé	第十课
负责人	fùzérén	第九课	好②	hǎo	第十五课	价钱	jiàqian	第十二课
			好几遍	hǎo jǐbiàn	第十六课	简直	jiǎnzhí	第十四课
G			好吃	hǎochī	第五课	件	jiàn	第八课
感冒	gǎnmào	第十二课	好好儿	hǎohāor	第十八课			

见①	jiàn	第十五課
见②	jiàn	第十六課
讲①	jiǎng	第十五課
讲②	jiǎng	第十八課
蒋介石	Jiǎng Jièshí	第十四課
教	jiāo	第十課
角	jiǎo	第十二課
脚	jiǎo	第十五課
饺子	jiǎozi	第八課
叫①	jiào	第四課
叫②	jiào	第十八課
教室	jiàoshì	第八課
结果	jiéguǒ	第十七課
结婚	jié//hūn	第十五課
节省	jiéshěng	第十八課
姐姐	jiějie	基礎語彙
姐妹	jiěmèi	第六課
借	jiè	第十二課
戒指	jièzhi	第十二課
今年	jīnnián	基礎語彙
今天	jīntiān	基礎語彙
近	jìn	第六課
进	jìn	第十三課
京都	Jīngdū	第六課
京剧	jīngjù	第十一課
精神	jīngshen	第十七課
警察	jǐngchá	第十七課
景点	jǐngdiǎn	第十四課
九	jiǔ	基礎語彙
酒	jiǔ	第八課
酒量	jiǔliàng	第八課
久等	jiǔ děng	第十八課
就①	jiù	第十三課
就②	jiù	第十五課
就是	jiùshì	第十四課
桔子	júzi	第十四課
举报	jǔbào	第九課
句	jù	第十八課
觉得	juéde	第七課

K

咖啡	kāfēi	第四課
开	kāi	第九課
开玩笑	kāi wánxiào	第十三課
开车	kāi//chē	第九課
开到…	kāidào	第十七課
开会	kāi//huì	第十八課
开支	kāizhī	第十八課
看	kàn	第四課
考	kǎo	第十五課
烤鸭	kǎoyā	第十一課
渴	kě	第十四課
可乐	Kělè	第七課
可怕	kěpà	第十六課

可是	kěshì	第十六課
可以	keyǐ	第八課
课本	kèběn	第十三課
肯定	kěndìng	第十七課
空	kōng	第十五課
空调	kōngtiáo	第九課
恐怖	kǒngbù	第十一課
口	kǒu	第六課
裤子	kùzi	第五課
快	kuài	第八課
块	kuài	第十二課
筷子	kuàizi	第八課

L

辣	là	第十五課
来①	lái	第七課
来②	lái	第十三課
懒	lǎn	第十二課
懒散	lǎnsǎn	第十一課
老板	lǎobǎn	第十八課
姥姥	lǎolao	基礎語彙
老师	lǎoshī	第四課
老实	lǎoshi	第八課
姥爷	lǎoye	基礎語彙
了①	le	第七課
了②	le	第八課
累	lèi	第八課
冷	lěng	第五課
离	lí	第六課
里①	lǐ	第七課
里②	lǐ	第十三課
李	Lǐ	第十課
礼物	lǐwù	第八課
厉害	lìhai	第八課
连…都	lián...dōu	第十八課
量	liáng	第十八課
两	liǎng	基礎語彙
两	liǎng	第五課
两点	liǎng diǎn	第十課
辆	liàng	第八課
聊天儿	liáo//tiānr	第八課
零	líng	基礎語彙
留学	liú//xué	第十七課
留学生	liúxuéshēng	第四課
六	liù	基礎語彙
龙虾	lóngxiā	第十課
楼	lóu	第十三課
路上	lùshang	第十八課
旅游	lǚyóu	第十二課
绿	lù	第十八課
乱	luàn	第九課
论文	lùnwén	第十五課

M

妈妈	māma	基礎語彙
麻烦	máfan	第十課
麻烦你(您)了。	Máfan nǐ(nín) le.	挨拶言葉
吗	ma	第四課
买	mǎi	第五課
卖	mài	第十二課
慢	màn	第十八課
慢走。	Màn zǒu.	挨拶言葉
忙	máng	第六課
毛	máo	第十二課
毛泽东	Máo Zédōng	第十四課
帽子	màozi	第五課
没关系。	Méi guānxi.	挨拶言葉
没什么	méi shénme	第十八課
没意思	méi yìsi	第七課
没[有]①	méi[yǒu]	第五課
没[有]②	méi[yǒu]	第七課
没有③	méiyǒu	第十四課
美国	Měiguó	第四課
每天	měitiān	第十課
妹妹	mèimei	基礎語彙
门	mén	第九課
们	men	第四課
迷	mí	第十七課
米	mǐ	第八課
米饭	mǐfàn	第十課
面	miàn	第七課
面包	miànbāo	第四課
面条	miàntiáo	第十課
明年	míngnián	基礎語彙
明天	míngtiān	基礎語彙
名字	míngzi	第四課
摩托车	mótuōchē	第五課

N

拿	ná	第十三課
哪	nǎ	第五課
哪儿(/哪里①)	nǎr (/nǎli)	第六課
哪里②	nǎli	第十五課
哪些	nǎxiē	第十一課
那①	nà	第五課
那②	nà	第八課
那儿(/那里)	nàr (/nàli)	第六課
那么	name	第十四課
奶奶	nǎinai	基礎語彙
难	nán	第五課
难懂	nándǒng	第十五課
南京路	Nánjīng lù	第十一課
男朋友	nánpéngyou	第九課
男人	nánrén	第九課
脑子	nǎozi	第十五課
呢①②	ne	第九課

呢③	ne	第十五課	前年	qiánnián	基礎語彙
能	néng	第八課	前天	qiántiān	基礎語彙
你	nǐ	第四課	巧克力	qiǎokèlì	第七課
你好！	Nǐ hǎo!	挨拶言葉	勤奋	qínfèn	第十一課
你看	Nǐ kàn	第五課	清楚	qīngchu	第十五課
你们好！	Nǐmen hǎo!	挨拶言葉	情况	qíngkuàng	第十八課
年	nián	基礎語彙	请	qǐng	第十課
念	niàn	第十三課	请多关照。	Qǐng duō guānzhào.	
念经	niàn//jīng	第十六課			挨拶言葉
您	nín	第四課	去①	qù	第五課
牛奶	niúnǎi	第四課	去②	qù	第十三課
牛皮	niúpí	第十二課	去年	qùnián	基礎語彙
牛肉	niúròu	第九課	圈儿	quānr	第十三課
努力	nǔlì	第十課	裙子	qúnzi	第五課
暖和	nuǎnhuo	第八課			
女儿	nǚ'ér	基礎語彙		**R**	
女孩儿	nǚháir	第十七課	让	ràng	第七課
女朋友	nǚpéngyou	第十一課	绕	rào	第十三課
			热	rè	第五課
	P		热狗	règǒu	第九課
爬	pá	第十一課	热情	rèqíng	第九課
拍马屁	pāi mǎpì	第八課	人	rén	第五課
派	pài	第十八課	人民币	rénmínbì	第十二課
旁	páng	第七課	人员	rényuán	第九課
胖	pàng	第十四課	认识	rènshi	第十三課
跑	pǎo	第十三課	认真	rènzhēn	第九課
跑步	pǎo//bù	第十七課	扔	rēng	第九課
朋友	péngyou	第六課	日	rì	基礎語彙
批评	pīpíng	第十七課	日本	Rìběn	第四課
皮鞋	píxié	第十二課	日本人	Rìběnrén	第四課
匹	pǐ	第十二課	日语	Rìyǔ	第四課
便宜	piányi	第五課	肉	ròu	第十課
骗	piàn	第十七課	入境	rù//jìng	第十四課
票	piào	第八課			
漂亮	piàoliang	第五課		**S**	
拼音	pīnyīn	第十五課	三	sān	基礎語彙
瓶	píng	第十七課	三刻	sānkè	第十課
平安	píng'ān	第十八課	伞	sǎn	第十三課
苹果	píngguǒ	第十四課	散步	sàn//bù	第十一課
			沙悟净	Shā Wùjìng	第十六課
	Q		商店	shāngdiàn	第十五課
七	qī	基礎語彙	上①	shàng	第七課
妻子	qīzi	基礎語彙	上②	shàng	第十三課
骑	qí	第十一課	上③	shàng	第十五課
其他	qítā	第九課	上个星期	shàng ge xīngqī	基礎語彙
起	qǐ	第十三課	上个月	shàng ge yuè	基礎語彙
起床	qǐ//chuáng	第十課	上班	shàng//bān	第九課
汽车	qìchē	第六課	上海	Shànghǎi	第十課
千	qiān	基礎語彙	上课	shàng//kè	第十二課
签证	qiānzhèng	第十四課	上司	shàngsi	第十八課
前	qián	第六課	上午	shàngwǔ	第十課
钱①	qián	第十課	少	shǎo	第五課
钱②	qián	第十二課	谁	shéi	第四課
钱包	qiánbāo	第十七課	神户	Shénhù	第十一課

什么	shénme	第四課
什么人	shénme rén	第六課
什么时候	shénme shíhou	第十課
生病	shēng//bìng	第十二課
生词	shēngcí	第十五課
生活	shēnghuó	第十一課
生气	shēng//qì	第十七課
生日	shēngrì	第七課
声音	shēngyīn	第十六課
圣诞节	Shèngdànjié	第十三課
十	shí	基礎語彙
时候	shíhou	第九課
时间	shíjiān	第十一課
食堂	shítáng	第五課
是	shì	第四課
是…的②	shì...de	第十一課
世界	shìjiè	第十四課
事[儿]	shì[r]	第七課
首	shǒu	第八課
手表	shǒubiǎo	第十二課
手工	shǒugōng	第十二課
手机	shǒujī	第五課
手续	shǒuxù	第十四課
书	shū	第五課
书包	shūbāo	第七課
舒服	shūfu	第八課
暑假	shǔjià	第十一課
树	shù	第十四課
数码	shùmǎ	第五課
甩	shuǎi	第十七課
涮羊肉	shuànyángròu	第十六課
双	shuāng	第八課
水	shuǐ	第五課
水果	shuǐguǒ	第七課
睡	shuì	第十五課
睡觉	shuì//jiào	第九課
顺利	shùnlì	第十四課
说	shuō	第四課
死	sǐ	第十八課
四	sì	基礎語彙
送	sòng	第十課
酸	suān	第五課
虽然	suīrán	第十六課
岁	suì	第七課
孙悟空	Sūn Wùkōng	第四課
孙中山	Sūn Zhōngshān	第十四課
锁	suǒ	第九課
所以	suǒyǐ	第九課
	T	
他	tā	第四課
她	tā	第四課
它	tā	第四課
太	tài	第五課

远	yuǎn	第五課	照片	zhàopiàn	第十七課	朱	Zhū	第十七課
愿意	yuànyi	第十六課	这	zhè	第五課	猪肉	zhūròu	第九課
月	yuè	基礎語彙	这次	zhè cì	第十四課	住	zhù	第十五課
云	yún	第十三課	这个星期	zhège xīngqī	基礎語彙	抓	zhuā	第十五課
			这个月	zhège yuè	基礎語彙	转弯	zhuǎn//wān	第十三課
	Z		这么	zhème	第九課	追	zhuī	第十七課
在①	zài	第六課	这儿(/这里)	zhèr (/zhèli)	第六課	桌子	zhuōzi	第七課
在②	zài	第七課	这些	zhèxiē	第十課	字	zì	第十五課
在③	zài	第九課	着	zhe	第九課	自己①	zìjǐ	第九課
再①	zài	第十三課	真	zhēn	第九課	自己②	zìjǐ	第十八課
再②	zài	第十八課	真的	zhēnde	第十四課	自行车	zìxíngchē	第五課
再见!	Zàijiàn!	挨拶言彙	真丝	zhēnsī	第十二課	自由	zìyóu	第九課
咱们	zánmen	第四課	正	zhèng	第九課	自由女神	Zìyóu Nǚshén	第十四課
糟了	zāo le	第十八課	证据	zhèngjù	第十四課	自在	zìzài	第十一課
早	zǎo	第十四課	知道	zhīdao	第十一課	走①	zǒu	第六課
早饭	zǎofàn	第十五課	芝士	zhīshì	第七課	走②	zǒu	第十七課
早上	zǎoshang	第十課	只	zhǐ	第十一課	钻石	zuànshí	第十二課
怎么①	zěnme	第六課	只是	zhǐshì	第七課	醉	zuì	第八課
怎么②	zěnme	第十二課	质量	zhìliàng	第十二課	最	zuì	第八課
怎么样	zěnmeyàng	第六課	智能手机	zhìnéng shǒujī	第五課	最后	zuìhòu	第十七課
站	zhàn	第九課	中国	Zhōngguó	第四課	最近	zuìjìn	第六課
张	zhāng	第八課	中国人	Zhōngguórén	第四課	昨天	zuótiān	基礎語彙
丈夫	zhàngfu	基礎語彙	中途	zhōngtú	第十三課	左	zuǒ	第六課
招牌	zhāopai	第十六課	中文	Zhōngwén	第十五課	做①	zuò	第四課
着急	zháo//jí	第十八課	中午	zhōngwǔ	第十課	做②	zuò	第七課
找①	zhǎo	第十一課	终于	zhōngyú	第十八課	坐	zuò	第九課
找②	zhǎo	第十二課	重	zhòng	第十四課	作业	zuòyè	第九課
赵	Zhào	第十六課	周恩来	Zhōu Ēnlái	第十四課			

NOTE

NOTE

著者

副島一郎（同志社大学教授）

張軼欧　（関西外国語大学准教授）

表紙デザイン：大下賢一郎
本文デザイン：トミタ制作室
本文イラスト：メディアアート

入門中国語──西遊記へのオマージュ　三訂版

© 2021 年 3 月 31 日　三訂版発行
2024 年 1 月 31 日　三訂版四刷発行

検印
省略

編著者　　　　　　　　　　　童　鍾文
　　　　　　　　　　（張軼欧・副島一郎）

発行者　　　　　　　　　　　小川　洋一郎
発行所　　　　　　株式会社　朝日出版社
　　　　〒 101-0065 東京都千代田区西神田 3－3－5
　　　　電話（03）3239-0271・72（直通）
　　　　振替口座　東京　00140-2-46008
　　　　　　　　　組版・印刷　倉敷印刷